Matthew Kenney und Meredith Baird

RAW
Chocolate

Matthew Kenney und Meredith Baird

RAW
Chocolate

Rohkostschokolade vom Feinsten

Matthew Kenney und Meredith Baird
Raw Chocolate
Rohkostschokolade vom Feinsten
1. deutsche Auflage 2016
ISBN 978-3-946566-08-3
© 2016, Narayana Verlag GmbH

1. englische Ausgabe 2012
Raw Chocolate
Text © 2012 Matthew Kenney and Meredith Baird
Photographs © 2012 Adrian Mueller
Published in the United States of America by Gibbs Smith, Publisher
Designed by Drew Furlong
Übersetzung aus dem Englischen: Ilona Meier

Herausgeber:
Unimedica im Narayana Verlag GmbH, Blumenplatz 2, 79400 Kandern
Tel.: +49 7626 974 970-0
E-Mail: info@unimedica.de
www.unimedica.de

Alle Rechte vorbehalten. Ohne schriftliche Genehmigung des Verlags darf kein Teil dieses Buches in irgendeiner Form – mechanisch, elektronisch, fotografiert – reproduziert, vervielfältigt, übersetzt oder gespeichert werden, mit Ausnahme kurzer Passagen für Buchbesprechungen.

Sofern eingetragene Warenzeichen, Handelsnamen und Gebrauchsnamen verwendet werden, gelten die entsprechenden Schutzbestimmungen (auch wenn diese nicht als solche gekennzeichnet sind).

Die Empfehlungen dieses Buches wurden von Autor und Verlag nach bestem Wissen erarbeitet und überprüft. Dennoch kann eine Garantie nicht übernommen werden. Weder der Autor noch der Verlag können für eventuelle Nachteile oder Schäden, die aus den im Buch gegebenen Hinweisen resultieren, eine Haftung übernehmen.

Inhalt

Einleitung VII

Maskulin 1

Feminin 15

Trüffel 29

Pralinen 45

Fudge 63

Früchte 77

Le Goûter 91

Smoothies und Drinks 105

Buttercups 119

Index 134

Bezugsquellen 137

Über die Autoren 138

Dank

Fiddleheads Artisan Supply, Belfast

Cherished Home, Belfast

The Good Table, Belfast

Chase's Daily, Belfast

Coconut Secrets

Sunfood Nutrition

Einleitung

Welch eine Ehre, über das beliebteste Lebensmittel der Welt schreiben zu dürfen! Über Schokolade wurde schon so viel geschrieben. Schokolade ist die Definition von Romantik; Feiertage werden ihr buchstäblich auf den Leib geschneidert und wir können uns kaum eine besondere Gelegenheit vorstellen, bei der die werte Kakaobohne nicht in irgendeiner Form eine Rolle spielt. Selbst wer streng Diät hält, gönnt sich „hin und wieder ein Stückchen Schokolade". Schokolade verkörpert Luxus und Dekadenz und ist eines der wenigen Dinge, die wirklich allen von uns munden.

Leider ist Schokolade nicht gleich Schokolade. Manche Schokoladen sind wahre Kunstwerke – knackig und aromatisch, nussig und voller Geschmack – andere wiederum schmecken nach Zucker, ihre wahren Eigenschaften sind hinter einer langen Liste überflüssiger Zutaten verborgen. Viele Sorten, die wir im Supermarkt finden, sind so weit von der exotischen, nahrhaften Bohne entfernt, die echter Schokolade ihren Namen gibt, dass wir sie nicht einmal als Schokolade identifizieren würden, wenn es nicht auf der Verpackung stünde.

Womit wir bei Rohkostschokolade wären. Wir wollten dieses Buch schon vor langer Zeit schreiben, doch die Rohkostschokoladen, die wir probierten, verfehlten immer irgendwie das Ziel; sie waren nicht richtig temperiert und häufig fehlten ihnen das Mundgefühl und der Glanz, den wir von feiner Schokolade erwarten. Diese Schokoladen waren einfach nicht veredelt. Bei allem, was wir tun, streben wir danach, Zubereitungsmethoden und Geschmackskombinationen zu entwickeln, die einzigartig, praktisch und inspirierend sind. Jetzt, einige Jahre und unzählige Schokoladentafeln später, können wir endlich unsere Erfahrungen mit Ihnen teilen.

Mit *Raw Chocolate* erlernen Sie unsere Lieblingsmethode der Zubereitung und des Temperierens von Schokolade sowie viele andere kreative Anwendungsweisen von Kakaoprodukten und anderen natürlichen Zutaten. Wir verwenden sie in den verschiedensten Rezepten, deren Magie Sie hoffentlich genauso verfallen werden wie wir. Wir haben die Arbeitsschritte so standardisiert, dass Sie diese Rezepte ganz einfach zu Hause zubereiten können, egal, wie viel Platz Ihnen zur Verfügung steht, und uns dabei auf Zutaten beschränkt, die bei jedem Klima stabil bleiben.

Schokolade ist ein wahres Alltagslebensmittel. Wenn mich Freunde fragen, was ich auf Reisen so esse, dann lautet meine Antwort: Schokolade. Nach dem Mittagessen oder beim Golf oder wenn ich Lust auf Nachtisch habe, dann esse ich Schokolade.

Ein weiterer Grund, weshalb wir mit der Veröffentlichung dieses Buchs gewartet haben, ist, dass die besten Zutaten für rohe Schokolade früher sehr schwer aufzutreiben waren. Mittlerweile gibt es die Zutaten sowie die benötigten Utensilien in Gourmetgeschäften und im Internet zu kaufen.

Das womöglich Beste an Rohkostschokolade ist, wie positiv sie sich auf die körperliche und emotionale Gesundheit auswirken kann. Kakao ist, solange er nicht erhitzt wird, ungemein reich an Antioxidantien, und ihm wird nicht nur ein gesunder Einfluss auf das Herz nachgesagt, sondern auch die Fähigkeit, Blutzucker- und Cholesterinwerte zu senken. Fühlen Sie sich nach einem Stück leckerer Schokolade nicht auch ein bisschen (oder sogar viel) besser?

Unsere Schokoladenphilosophie

Die Zubereitung handgearbeiteter Schokolade ist für Köche und Köchinnen in mehrerlei Hinsicht befreiend. Es werden zum Beispiel weniger Zutaten benötigt und saisonale Zutaten (die uns im Allgemeinen sehr wichtig sind) spielen eine eher untergeordnete Rolle. Damit wird Platz geschaffen für kreative Inspiration, in der es allein um Technik, die Veredelung von Geschmack und Konsistenz sowie die Suche nach neuen Inkarnationen dieses Klassikers geht.

Unsere Mission, Gerichte zuzubereiten, die „sexy" sind, wird uns durch Schokolade immens erleichtert, denn Schokolade ist bereits sexy. Tatsächlich weiß ich nicht, wie Schokolade nicht sexy sein könnte. Für uns geht es in der Schokoladenherstellung darum, alle Sinne zu inspirieren – und wir meinen *alle*.

Geschmack

hat immer Vorrang und findet seinen Ursprung in den hochwertigsten Zutaten – wir können gar nicht genug betonen, wie wichtig das ist. Wir lieben zwar auch dunkle Schokolade, aber für bittere Schokolade haben wir nicht viel übrig und würden uns gleichzeitig nicht viel aus einer Schokolade machen, die zu süß ist. Wie bei jeder Form des Kochens ist Balance hier alles. Wir versuchen immer, uns an Geschmacksprofile zu halten, die in klassischen Kombinationen verwurzelt sind – wir respektieren kulturelle Inspirationen und erfinden sie auf einzigartige und gesündere Weise neu. Schokolade ist ein tolles Ventil für unsere Affinität zu exotischen Zutaten. Sie hebt die frischen, reinen Aromen hervor, die all unseren Kreationen innewohnen.

Mundgefühl

ist ungemein wichtig. Wenn wir den Vorgang des Temperierens nicht perfektioniert hätten, dann gäbe es dieses Buch nicht. Schokoladenriegel, Pralinen und andere Kreationen müssen Biss haben; nicht richtig temperierte Schokolade fühlt sich im Mund nicht gut an und sieht in den meisten Fällen auch nicht schön aus. In vielen dieser Rezepte rieseln wir etwas Meersalz oder Lavendelblüten auf die Unterseite der Schokoladenriegel und erzeugen so ein weiteres Strukturelement.

Wie so oft gesagt wird: Präsentation ist alles. Wir finden, dass sich die Anschaffung hübscher Formen, Verpackungspapiere und anderer Utensilien lohnt, um die fertige Schokolade auf eine Weise zu präsentieren, die sie verdient hat.

Einleitung

Zu den besten Eigenschaften roher Schokolade gehört ihre Haltbarkeit. Sie hält sich gut und schmeckt auch am nächsten oder übernächsten Tag noch genauso gut wie am ersten. Es lohnt sich, immer mehrere Rezepte gleichzeitig auszuprobieren. Ob die Schokolade länger überlebt oder nicht, hängt einzig davon ab, wie hungrig Sie sind!

Rohkostschokolade – ein Handbuch

Die Zubereitung herzhafter Rohkostgerichte bedarf häufig einiger Vorausplanung und der Anschaffung frischer Zutaten, doch die meisten Hauptzutaten für Schokolade können problemlos im Voraus gekauft und bis zur Verwendung gelagert werden. Wir empfehlen, Kakaopaste, -bohnen, -butter, -nibs und -pulver immer vorrätig zu haben. Außerdem sollten Sie immer einen guten unbehandelten Agavendicksaft, Kokosblütenzucker oder beliebige andere Süßungsmittel im Haus haben. Meersalz, hochwertige Gewürze, Vanilleschoten und -extrakte und andere Zutaten, die Ihre Schokolade geschmacklich bereichern, sind ebenfalls nützlich. Nüsse und Samen sollten Sie auch immer zur Hand haben, sofern Sie sie richtig lagern: kühl und trocken. Mit diesen Zutaten im Vorratsschrank müssen Sie je nach Rezept nur noch ein paar frische Komponenten einkaufen.

Für Rohkost benötigen Sie keine besonders komplizierte Ausrüstung. Ein guter, qualitativ hochwertiger Mixer ist natürlich unabdingbar. Wir verwenden sowohl in unseren Restaurants als auch zu Hause am liebsten Blendtec-Mixer. Außerdem benötigen Sie eine gute Küchenmaschine. Ein Dörrgerät wird für die Herstellung der Schokoladenbasis und einige andere Rezepte in diesem Buch benötigt. Eine gute Auswahl hochwertiger, scharfer Messer macht bei jeder Form der Lebensmittelzubereitung einen großen Unterschied; so macht das Kochen mehr Spaß und Sie erleichtern sich das Leben. Gute Schokoladenformen für Pralinen-Hohlkörper und Riegel sind wichtig; damit verbessern Sie die Präsentation einer Schokoladenspezialität völlig mühelos. Wahrscheinlich werden Sie außerdem ein paar zusätzliche Rührschüsseln, Spritzbeutel, eine Winkelpalette und einen guten Schneebesen für diese Rezepte benötigen. Wenn Sie regelmäßig in der Küche werkeln, haben Sie die meisten benötigten Utensilien vermutlich ohnehin schon im Haus.

Wir können Ihnen nur empfehlen, die Rezepte in diesem und all unseren anderen Büchern gut durchzulesen, bevor Sie loslegen, um sich mit den Techniken, dem Stil und den Fotos vertraut zu machen. So können Sie sich schon einmal im Kopf darauf einstellen, was Sie zubereiten und wie. Wenn Sie ein paar Rezepte gefunden haben, die Ihnen gut gefallen, dann experimentieren Sie nach Lust und Laune mit verschiedenen Süßungsmitteln oder anderen Komponenten. Solange Sie die Schokolade richtig temperieren, wenn dies für das Rezept notwendig ist, können Sie bei der Zubereitung nicht viel falsch machen.

Einleitung

Egal, ob Ihr Schokoladenerlebnis von Geschmack, Hunger oder sogar Romantik inspiriert ist, fühlt es sich gut an, zu wissen, dass diese Schokolade nicht nur köstlich, sondern auch gesund ist. Genießen Sie das Abenteuer mit dieser erstaunlichen Bohne!

Süßungsmittel

Es ist gerade mal ein paar Jahre her, seit die Rohkostköche dieser Welt ein völlig neues natürliches Süßungsmittel feierten – nämlich den unglaublich vielseitigen und praktisch verwendbaren Nektar, der aus der Agavenpflanze gewonnen wird. Es sind seitdem unzählige Stimmen laut geworden (positive, aber auch kritische), und viele meinen, dass die Qualität von Agavendicksaft stark variiere, er vermutlich nicht einmal 100-prozentig roh sei oder nicht so gesund wie andere Süßstoffe. Zwar sind wir der Meinung, dass auf beiden Seiten übertrieben wird, doch wir möchten Ihnen hier für Ihr Schokoladenerlebnis ein paar Alternativen zu Agavendicksaft vorstellen.

Kokosblütennektar

Kokosblütennektar ist wie Agavendicksaft ein flüssiges Süßungsmittel mit einem sehr niedrigen glykämischen Index. Er wird, wie der Name andeutet, aus dem flüssigen Saft der Kokosnussblüten gewonnen und enthält viele natürlich vorkommende Mineralien und Vitamine, darunter Vitamin C und B-Vitamine. Für die Herstellung des Nektars wird der Saft bei (angeblich) niedrigen Temperaturen eingekocht. Er ist zwar weniger verarbeitet als die meisten herkömmlichen Süßstoffe, ist aber dennoch ein verarbeitetes Produkt. Kokosblütennektar schmeckt mild, ist aber geschmacklich und farblich etwas kräftiger als Agavendicksaft und damit ideal für dunkle Schokolade.

Palmzucker

Palmzucker ist das einzige nicht flüssige Süßungsmittel, das wir für diese Rezepte empfehlen. Aufgrund seiner niedrigen Schmelztemperatur kann er flüssige Süßstoffe problemlos ersetzen. Palmzucker wird minimal verarbeitet und nachhaltig angebaut, gilt im Allgemeinen jedoch nicht als rohes Produkt. Er hat einen niedrigen glykämischen Index und enthält, ähnlich wie Kokosblütennektar, eine Reihe von Vitaminen und Mineralien. Palmzucker hat einen sehr neutralen, aber intensiven Geschmack, der für die Schokoladenherstellung wunderbar geeignet ist.

Ahornsirup

Ahornsirup ist nicht gleich Ahornsirup, denn viele kommerzielle Sorten sind stark verarbeitet und enthalten zugesetzte Farbstoffe. In den USA muss als „Ahornsirup" gekennzeichneter Sirup vom Ahornbaum stammen. Für echten Ahornsirup wird der mild süße Saft über kochendem Wasser erhitzt, um den Zucker zu verdunsten und zu konzentrieren. Ahornsirup gilt weder als roh noch hat er einen niedrigen glykämischen Index. Er ist jedoch reich an Mangan und Zink, das die Energieproduktion sowie die Immun- und Antioxidantienabwehr unterstützt. Ahornsirup hat den typischen Ahorngeschmack, den wir unheimlich lecker finden.

Honig

Honig ist das womöglich einzige wirklich „rohe" Süßungsmittel auf dem Markt, denn er wird völlig natürlich produziert, geerntet und konsumiert. Wie die meisten anderen Produkte ist kommerzieller Honig jedoch kein sonderlich gesunder Süßstoff, weil er so stark verarbeitet wird, dass das Endprodukt mit seiner natürlichen Ursprungsform nicht mehr viel gemein hat. Wir empfehlen daher die Verwendung von rohem und idealerweise regional gewonnenem Honig. Honig hat eine Reihe von Gesundheitsvorteilen und ist das vermutlich heilsamste Süßungsmittel auf dem Markt. Er wirkt antibakteriell und antimikrobiell und ist damit bei den verschiedensten Leiden der Süßstoff der Wahl. Honig ist allerdings nicht vegan. Wenn Sie also sämtliche Tierprodukte vom Speiseplan streichen möchten, ist Honig keine Option. Honig, und insbesondere roher, unbehandelter Honig, hat einen sehr distinktiven, kräftigen Geschmack, der für Schokolade nicht unbedingt ideal ist, aber wenn Sie wie wir Honigliebhaber sind, dann probieren Sie's doch einfach aus!

Vergessen Sie nicht, dass Desserts – und insbesondere schokoladige Desserts – dekadent, ja ein kleiner Luxus sind. Zwar verschreiben wir uns der Philosophie, dass ein täglicher Schokoladengenuss gut für die Gesundheit und das allgemeine Wohlbefinden ist, aber eben nur in Maßen. Alle Süßungsmittel sollten nur in begrenzten Mengen konsumiert werden. Aufgrund unserer eigenen Recherchen und persönlicher Erfahrung empfehlen wir nach wie vor Agavendicksaft zum Süßen von Schokolade, aber wir wissen, dass die Meinungen und Geschmäcker auseinandergehen. Daher möchten wir Sie dazu ermutigen, mit unseren Rezepten zu experimentieren. Probieren Sie die verschiedenen Produkte ganz nach Ihrem Gusto und nehmen Sie das, was Ihnen am besten gefällt und schmeckt.

Einleitung

Schokoladenbasis

640 g Kakaomasse*
250 g Kakaobutter**
1 EL Vanilleextrakt
125 ml flüssiges Süßungsmittel (siehe Hinweis Seite X)
Salz

Kakaomasse und Kakaobutter fein hacken und in eine Metallschüssel geben. Sie können die Schokolade jetzt entweder im Wasserbad oder im Dörrgerät schmelzen.

Wenn Sie die Schokolade im Wasserbad schmelzen, benötigen Sie ein Zuckerthermometer, denn die Schokolade darf eine Temperatur von 46° Celsius nicht überschreiten. Nachdem die Schokoladenmischung geschmolzen ist, Vanilleextrakt, Süßungsmittel und Salz hinzugeben und gut unterrühren. Jetzt zum Temperieren zunächst auf 28° Celsius abkühlen lassen, dann wieder auf 31° Celsius erwärmen. Achten Sie darauf, dass die Schokolade anschließend nicht über 32° Celsius erhitzt wird, um richtig temperiert zu bleiben.

Alternativ können Sie die Schokolade im Dörrgerät schmelzen. Dafür im Dörrgerät bei 46 °Celsius für 1 Stunde erwärmen; dabei hin und wieder umrühren, um den Schmelzvorgang zu beschleunigen. Wenn circa zwei Drittel der Masse geschmolzen sind, die Schüssel aus dem Dörrgerät nehmen und so lange rühren, bis die Schokolade vollständig geschmolzen ist. Vanilleextrakt, Süßungsmittel und Salz hinzugeben und gut unterrühren. (Wenn die Schokoladenmasse beginnt fest zu werden, sofort zurück ins Dörrgerät stellen.) Wenn alle Zutaten gut vermischt sind, die Schüssel wieder ins Dörrgerät stellen und die Schokolade noch einmal für circa 5 Minuten erwärmen. Die Temperatur sollte jetzt 31 °Celsius nicht überschreiten. Aus dem Dörrgerät nehmen. Die Schokolade ist nun temperiert und kann in Formen gegossen werden. Sie können testen, ob die Schokolade temperiert ist, indem Sie eine kleine Menge Schokolade auf ein Stück Wachspapier tropfen und abkühlen lassen. Wenn sie fest wird und glänzt, dann wurde sie richtig temperiert.

In der Schokoladenherstellung ist es immens wichtig, dass alle Utensilien sehr trocken sind. Durch Feuchtigkeit trennt sich das Öl in der Schokolade von den anderen Zutaten. Falls dies geschieht, können Sie die Schokolade mit etwas warmem Wasser in einem hochtourigen Mixer pürieren, um die Zutaten wieder zu vermischen. Die Schokolade ist anschließend noch verwendbar, kann aber nicht mehr richtig temperiert werden. Sie muss dann im Kühlschrank gelagert werden, damit sie fest bleibt.

* Für weiße Schokolade 315 g Kakaobutter verwenden.

** Für weiße Schokolade 300 g gesiebtes Kokosnussmehl verwenden.

Ausreichend für circa 12 Schokoladenriegel

Pralinen-Hohlkörper

1 Pralinenform Ihrer Wahl

1 Portion geschmolzene und temperierte Schokoladenbasis (Seite XIII)

Pralinen-Hohlkörper herstellen

Die Form (bei Zimmertemperatur) auf eine flache Arbeitsfläche legen.

Die Förmchen vollständig mit der temperierten Schokolade füllen. Überschüssige Schokolade mit einer Winkelpalette von der Form abziehen, da die Ränder der Formen sauber sein sollten. Dann die Form vorsichtig auf die Arbeitsfläche klopfen, bis die Schokolade keine Luftbläschen mehr aufweist.

Jetzt die gefüllte Form über einer großen, leeren Schüssel umdrehen, sodass der Großteil der Schokolade herauslaufen kann. Es sollte nur so viel Schokolade übrig bleiben, dass die Ränder der Förmchen vollständig dünn bedeckt sind.

Anschließend die Form für circa 10 Minuten in den Kühlschrank stellen, damit die Schokolade fest wird. Lassen Sie sie nicht länger im Kühlschrank, da die Hohlkörper sonst zerbrechen können, wenn sie wieder Zimmertemperatur ausgesetzt sind.

Aus dem Kühlschrank nehmen. Die Schokoladen-Hohlkörper können jetzt gefüllt werden.

Ausreichend für circa 24 Hohlkörper

Die Hohlkörper füllen

Die Pralinenfüllungen müssen unbedingt Zimmertemperatur haben. Sie sollten elastisch (oder flüssig) genug sein, um die Förmchen zu füllen. Die benötigte Menge hängt von der Form und Größe der Hohlkörper ab, aber grundsätzlich benötigen Sie etwa 1 Esslöffel Füllung pro Praline.

Bei eher flüssigen Füllungen geht das Befüllen am einfachsten mit einem Spritzbeutel aus Polypropylen und einer sehr kleinen Tülle.

Festere, teigähnliche Füllungen können Sie zu kleinen Kugeln formen und in die Hohlkörper pressen.

Die gewünschte Füllung in die Hohlkörper (ohne sie aus der Pralinenform zu lösen) einfüllen. Dabei oben circa 3 Millimeter freilassen.

Nach dem Befüllen die Formen für 5 Minuten in den Kühlschrank stellen, damit die Füllung fest werden kann.

Aus dem Kühlschrank nehmen. Mit einem Löffel die Füllungen in der Form bis zum Rand mit der vorbereiteten Schokolade bedecken.

Die Form vorsichtig auf die Arbeitsfläche klopfen, um etwaige Luftbläschen zu entfernen und die Schokolade zu glätten.

Überschüssige Schokolade mit einer Winkelpalette von der Form abziehen.

Die gefüllten Pralinen wieder in den Kühlschrank stellen und mindestens 1 Stunde lang fest werden lassen, bevor Sie versuchen, sie aus der Form zu drücken.

Wenn die Schokolade fertig ist, sollten sich die Pralinen ganz leicht aus der Form lösen. Dafür auf den Kopf drehen und leicht mit den Fingern gegen die Form klopfen.

Maskulin

Unsere Schokoladenriegel haben simple, elegante Aromen mit Nuancen, die an feinstes Parfüm erinnern. Diese Geschmacksrichtungen sind mit Absicht mild und dezent. Irgendwann fiel uns auf, dass sich die aromatischen Einflüsse unserer Schokoladenriegel in eher maskulin und eher feminin unterteilen lassen. Hier finden Sie unsere Riegel mit maskulinen Einflüssen — betrachten Sie sie als unsere Grey-Flannel-Kollektion.

Extra-Dunkel 3

Lavendel & Sel Gris 5

Safran 7

Anis 9

Minze mit kandierten Nibs 10

Salz und Pfeffer 11

Basilikum 11

Rosmarin 12

Wacholder 13

Knusper-Chia 13

Extra-Dunkel

Die Essenz von Schokolade: dunkel, rauchig, mächtig.

1 Portion geschmolzene und temperierte Schokoladenbasis (Seite XIII)

Die Schokolade in eine beliebige Riegelform gießen. Zum Auskühlen und Festwerden in den Kühlschrank stellen.

Circa 12 Schokoladenriegel

Maskulin

Lavendel & Sel Gris

Die Schokoladenbasis enthält zwar bereits Salz, aber manchmal trägt etwas mehr wunderbar zum Geschmackserlebnis bei. Hier entsteht durch die Zugabe von Salz und Lavendel ein Riegel, der zwar süß ist, aber gleichzeitig einen leicht herzhaften Charakter mitbringt.

1 Portion geschmolzene und temperierte Schokoladenbasis (Seite XIII)
2 EL getrocknete Lavendelblüten
1 EL Sel Gris (graues Meersalz)

Die Schokolade in eine beliebige Riegelform gießen. Bevor sie fest wird, mit Lavendel und Salz berieseln. Zum Auskühlen und Festwerden in den Kühlschrank stellen.

Circa 12 Schokoladenriegel

Safran

Safran ist ein wunderbares, wundersames Gewürz, das allerdings sehr frisch verwendet werden muss. Es lohnt sich wirklich, eine gute Bezugsquelle aufzutreiben, die mit Frische und Qualität überzeugt.

1 Portion geschmolzene und temperierte Schokoladenbasis (Seite XIII)
1 TL Safranfäden

Beim Schmelzen und Temperieren der Schokolade die Safranfäden hinzugeben. Mischen Sie den Safran unbedingt unter, während die Schokolade noch warm ist, damit sich das Aroma richtig entfalten kann. Die Schokolade in eine beliebige Riegelform gießen. Zum Auskühlen und Festwerden in den Kühlschrank stellen.

Circa 12 Schokoladenriegel

Maskulin

Anis

Die meisten mediterranen Länder haben ihre ganz besonderen Anislikör hervorgebracht. Wenn Ihnen nach etwas Süßem ist, verwenden Sie zum Beispiel italienischen Sambuca. Für einen sehr intensiven Anisgeschmack verwenden Sie türkischen Raki.

2 EL gemahlene Anissamen
1 EL Anislikör, zum Beispiel Pastis (optional)
1 Portion geschmolzene und temperierte Schokoladenbasis (Seite XIII)

Den gemahlenen Anis und Likör in die geschmolzene, temperierte Schokolade einrühren. Die Schokolade in eine beliebige Riegelform gießen. Zum Auskühlen und Festwerden in den Kühlschrank stellen.

Circa 12 Schokoladenriegel

Minze mit kandierten Nibs

Die Schokolade zum Vatertag. (Aber auch Ihre Mutter wird sie lieben.)

1 EL Pfefferminzextrakt

1 EL Kokosblütenzucker, in einer Gewürzmühle zu einem feinen Pulver gemahlen

2 EL Kakaonibs

1 Portion geschmolzene und temperierte Schokoladenbasis (Seite XIII)

Garnierung

2 EL Kakaonibs

Pfefferminzextrakt, Kokosblütenzucker und Kakaonibs in die temperierte Schokolade einrühren. Die Schokolade in eine beliebige Riegelform gießen. Die Unterseite mit Kakaonibs garnieren. Zum Auskühlen und Festwerden in den Kühlschrank stellen.

Circa 12 Schokoladenriegel

Maskulin

Salz und Pfeffer

Hier können Sie richtig kreativ werden, einfach, indem Sie mit verschiedenen Salzen – zum Beispiel Himalaya-Salz, Black Lava – oder roten, weißen und anderen Pfefferkörnern experimentieren.

1 Portion geschmolzene und temperierte Schokoladenbasis (Seite XIII)
2 EL hochwertiges Steinsalz
1 EL frisch gemahlene Pfefferkörner

Die Schokolade in eine beliebige Riegelform gießen. Salz und Pfeffer auf die Rückseite rieseln. Zum Auskühlen und Festwerden in den Kühlschrank stellen.

Circa 12 Schokoladenriegel

Basilikum

Grundsätzlich ziehen wir frische Kräuter getrockneten vor, aber getrocknetes Basilikum hat eine Intensität, die besser zum Kokosblütenzucker in diesem Rezept passt.

2 EL getrocknetes Basilikum, in einer Gewürzmühle fein gemahlen
2 EL Kokosblütenzucker, in einer Gewürzmühle fein gemahlen
1 Portion geschmolzene und temperierte Schokoladenbasis (Seite XIII)
1 EL frische junge Basilikumblättchen (optional)

Basilikum und Kokosblütenzucker in die geschmolzene, temperierte Schokolade einrühren. Die Schokolade in eine beliebige Riegelform gießen. Wenn Sie möchten, streuen Sie frische junge Basilikumblättchen auf die Rückseiten der Schokoladenriegel. Zum Auskühlen und Festwerden in den Kühlschrank stellen.

Circa 12 Schokoladenriegel

Rosmarin

Rosmarin verdankt seinen Namen dem Lateinischen und bedeutet „Tau des Meeres". Er hat einen kräftigen, aromatischen Geschmack, den die meisten sehr gerne mögen, der jedoch auch zu dominant sein kann. Verwenden Sie Rosmarin daher besser immer nur in Maßen.

- 2 EL getrockneter Rosmarin, in einer Gewürzmühle fein gemahlen
- 1 EL Kokosblütenzucker, in einer Gewürzmühle fein gemahlen
- 1 Portion geschmolzene und temperierte Schokoladenbasis (Seite XIII)

Garnierung
- 1 EL getrockneter Rosmarin

Rosmarin und Kokosblütenzucker in die temperierte Schokolade einrühren. Die Schokolade in eine beliebige Riegelform gießen und die Rückseiten mit getrocknetem Rosmarin garnieren. Zum Auskühlen und Festwerden in den Kühlschrank stellen.

Circa 12 Schokoladenriegel

Wacholder

Wacholderbeeren sind bekannt dafür, Gin seinen charakteristischen Geschmack zu geben. Sie wirken zwar in Schokolade ebenso berauschend, aber diese Riegel haben keinen Einfluss auf Ihre Fahrfähigkeiten!

2 EL Wacholderbeeren, zerdrückt
1 EL Wacholderschnaps, zum Beispiel Doornkaat (optional)
1 Portion geschmolzene und temperierte Schokoladenbasis (Seite XIII)

Wacholderbeeren und Schnaps (falls verwendet) in die temperierte Schokolade einrühren. Die Schokolade in eine beliebige Riegelform gießen. Zum Auskühlen und Festwerden in den Kühlschrank stellen.

Circa 12 Schokoladenriegel

Knusper-Chia

Bei guter Schokolade geht es nicht nur um den Geschmack – von ebenso großer Wichtigkeit ist das Mundgefühl, das für vielfältige, erfüllende Geschmackserlebnisse sorgt. Chiasamen sind eine wunderbare Ergänzung zu diesem knusprigen, dunklen Riegel.

3 EL Chiasamen
1 EL Kokosblütenzucker, in einer Gewürzmühle zu einem feinen Pulver gemahlen
1 Portion geschmolzene und temperierte Schokoladenbasis (Seite XIII)

Chiasamen und Kokosblütenzucker in die temperierte Schokolade einrühren. Die Schokolade in eine beliebige Riegelform gießen. Zum Auskühlen und Festwerden in den Kühlschrank stellen.

Circa 12 Schokoladenriegel

Feminin

Hier finden Sie einige unserer exotischsten, aber simplen Rezepte. Schokolade ist nicht nur so robust und mächtig, dass sie die intensiven maskulinen Aromen aus dem vorigen Kapitel überzeugend transportieren kann, sondern auch elegant und dezent auf eine Art, die für die feinen Zutaten in diesem Kapitel wie geschaffen ist. Trotz der Geschlechtereinteilung müssen sich auch die Herren bei diesen Schokoladen keineswegs zurückhalten!

Asia-Sesam 17

Rose & Himalayasalz 19

Vanille (weiße Schokolade) 21

Holunderblüte 23

Zitrus-Geißblatt 24

Muskat 25

Kandierte Kapuzinerkresse 25

Haselnuss-Mandel 26

Intensiv Orange 27

Honig-Thymian 27

Feminin

Asia-Sesam

Sesamöl gilt aufgrund seines Nährwerts und der antioxidativen Wirkungen auch als die „Königin der Öle". Rein zufällig schmeckt es aber auch himmlisch in Schokolade.

2 EL Sesamöl
1 Portion geschmolzene und temperierte Schokoladenbasis (Seite XIII)

Garnierung
2 EL Sesam

Das Sesamöl in die geschmolzene, temperierte Schokolade einrühren. Die Schokolade in eine beliebige Riegelform gießen und die mit Sesam garnieren. Zum Auskühlen und Festwerden in den Kühlschrank stellen.

Circa 12 Schokoladenriegel

Feminin

Rose & Himalayasalz

Himalayasalz gibt es mittlerweile in den meisten Reformhäusern und Spezialitätengeschäften. Ich ziehe ein gröberes Salz, das mehr Struktur und Geschmack mitbringt, in diesem Rezept vor. Diese Schokolade ist eine wunderbare Leckerei zu besonderen Feiertagen (kleiner Tipp: Valentinstag!).

2 EL Rosenwasser

1 TL Himalayasalz

1 Portion geschmolzene und temperierte Schokoladenbasis (Seite XIII)

Garnierung

2 EL getrocknete Rosenblütenblätter, zerdrückt*

½ EL hochwertiges Himalayasalz

Rosenwasser und Salz in die geschmolzene, temperierte Schokolade einrühren. Die Schokolade in eine beliebige Riegelform gießen und die Rückseiten mit getrockneten Rosenblütenblättern und Himalayasalz garnieren. Zum Auskühlen und Festwerden in den Kühlschrank stellen.

* Getrocknete Rosenblüten finden Sie im Naturkostladen im Teeregal.

Circa 12 Schokoladenriegel

Feminin

Vanille (weiße Schokolade)

„Milch und Honig" gilt häufig als der Inbegriff simplen, eleganten Komforts, doch wir finden, „Vanille und Schokolade" sollte da Mitspracherecht haben. Je hochwertiger und frischer die Vanilleschoten sind, desto mehr werden Sie diese schlichte Schokolade lieben.

Mark von 2 Vanilleschoten
1 Portion geschmolzene und temperierte Schokoladenbasis für weiße Schokolade (Seite XIII)

Die Vanille in die temperierte Schokoladenbasis einrühren. Die Schokolade in eine beliebige Riegelform gießen. Zum Auskühlen und Festwerden in den Kühlschrank stellen.

Circa 12 Schokoladenriegel

Holunderblüte

Holunderblüten sind aromatisch und sehr mild im Geschmack, ihnen werden aber auch antivirale Eigenschaften sowie die Fähigkeit, zu einem gesunden Immunsystem beizutragen, nachgesagt.

2 EL getrocknete Holunderblüten, in einer Gewürzmühle fein gemahlen
2 EL Holunderlikör, z. B. St. Germain (optional)
1 Portion geschmolzene und temperierte Schokoladenbasis (Seite XIII)

Garnierung

1 EL getrocknete Holunderblüten

Holunderblüten und Holunderlikör (falls verwendet) in die temperierte Schokolade einrühren. Die Schokolade in eine beliebige Riegelform gießen und die Rückseiten mit getrockneten Holunderblüten garnieren. Zum Auskühlen und Festwerden in den Kühlschrank stellen.

Circa 12 Schokoladenriegel

Feminin

Zitrus-Geißblatt

So wie es Weine und Teesorten gibt, die genippt werden sollten, ist dieser Riegel eine Schokolade zum langsamen Genießen. Eine Tafel für Sommernachmittage, die Sie immer im Haus haben und sich gemächlich, Stückchen für Stückchen auf der Zunge zergehen lassen können.

2 EL Honig*
1 TL getrocknete Geißblattblüten (Jin Yin Hua)**
2 EL Zitronenschale
1 Portion geschmolzene und temperierte Schokoladenbasis (Seite XIII)

Garnierung

1 EL getrocknete Geißblattblüten (Jin Yun Hua), zerdrückt
1 EL Zitronenschale

Honig, Geißblattblüten und Zitronenschale in die temperierte Schokolade einrühren. Die Schokolade in eine beliebige Riegelform gießen und die Rückseiten mit Geißblattblüten und Zitronenschale garnieren. Zum Auskühlen und Festwerden in den Kühlschrank stellen.

* Für eine vegane Variante die gleiche Menge Agavendicksaft nehmen.

** Getrocknete Geißblattblüten erhalten Sie im Teeregal Ihres Naturkostgeschäftes.

Circa 12 Schokoladenriegel

Feminin

Muskat

Verwenden Sie Muskat nach Möglichkeit immer frisch gemahlen. Der Geschmacksunterschied ist beachtlich und ein paar Sekunden zusätzliche Mühe absolut wert.

1 Portion geschmolzene und temperierte Schokoladenbasis (Seite XIII)
2 TL frisch gemahlene Muskatnuss

Muskat in die temperierte Schokolade einrühren. Die Schokolade in eine beliebige Riegelform gießen. Zum Auskühlen und Festwerden in den Kühlschrank stellen.

Circa 12 Schokoladenriegel

Kandierte Kapuzinerkresse

Die Blüten der Kapuzinerkresse gehören zu den bekanntesten essbaren Blüten und sind beliebt wegen ihrem pfeffrigen, süßen Geschmack.

1 große Handvoll frische Kapuzinerkresseblüten
35 g Kokosblütenzucker, in einer Gewürzmühle fein gemahlen
1 Portion geschmolzene und temperierte Schokoladenbasis (Seite XIII)

Die Blüten im Dörrgerät für mindestens 12 Stunden trocknen, dann in einer Gewürzmühle zu einem feinen Pulver mahlen. Das Pulver mit dem Kokosblütenzucker vermischen; davon ein paar Esslöffel für die Garnierung beiseitestellen.

Kapuzinerkresse und Kokosblütenzucker in die temperierte Schokolade einrühren. Die Schokolade in eine beliebige Form gießen und die Rückseiten mit dem beiseite gestellten Pulver garnieren. Zum Auskühlen und Festwerden in den Kühlschrank stellen.

Circa 12 Schokoladenriegel

Haselnuss-Mandel

Stellen Sie sich Ferrero Küsschen mit einem dezenten Mandelaroma vor – voilà.

35 g fein gehackte Haselnüsse
35 g fein gehackte Mandeln
1 TL Mandelextrakt
1 Portion geschmolzene und temperierte Schokoladenbasis (Seite XIII)

Garnierung

35 g Haselnüsse, gehackt
35 g Mandeln, gehackt
1 EL grobes Himalayasalz

Haselnüsse, Mandeln und Mandelextrakt in die temperierte Schokolade einrühren. Die Schokolade in eine beliebige Riegelform gießen. Die restlichen gehackten Haselnüsse, Mandeln und Salz auf die Rückseite streuen. Zum Auskühlen und Festwerden in den Kühlschrank stellen.

Circa 12 Schokoladenriegel

Feminin

Intensiv Orange

Mit dieser simplen Methode zum Kandieren von Orangenschalen bereichern Sie die verschiedensten Schokoladenkreationen – egal ob Trüffel, Riegel oder Pralinen.

1 Portion geschmolzene und temperierte Schokoladenbasis (Seite XIII)
2 EL geriebene Orangenschale

Garnierung

3-4 EL lange, dünne Orangenzesten
1 EL flüssiges Süßungsmittel

Für die kandierten Orangen die Schale mit dem flüssigen Süßungsmittel vermengen, dann für circa 24 Stunden im Dörrgerät dehydrieren.

Für Riegel die geriebene Orangenschale in die temperierte Schokolade einrühren. Die Schokolade in eine beliebige Form gießen und die Rückseiten mit kandierten Orangenschalen garnieren. Zum Auskühlen und Festwerden in den Kühlschrank stellen.

Circa 12 Schokoladenriegel

Honig-Thymian

Es gibt mittlerweile so viele verschiedene unbehandelte Honigsorten auf dem Markt, dass Ihre Schokoladenergebnisse je nach Ihren persönlichen Vorlieben stark variieren können, wenn Sie Honig verwenden. Damit der Thymian nicht untergeht, sollten Sie einen eher milden Honig verwenden. Alternativ kann ein kräftigerer Honig – wie zum Beispiel Manuka – ohne die Zugabe von Kräutern zu interessanten Ergebnissen führen.

2 EL unbehandelter Honig*
2 EL getrockneter Thymian
1 Portion geschmolzene und temperierte Schokoladenbasis (Seite XIII)

Honig und Thymian in die temperierte Schokolade einrühren. Die Schokolade in eine beliebige Riegelform gießen. Zum Auskühlen und Festwerden in den Kühlschrank stellen.

* Für eine vegane Variante die gleiche Menge Agavendicksaft nehmen.

Circa 12 Schokoladenriegel

Trüffel

Trüffel, benannt nach dem köstlichen Pilz, sind kleine, häufig runde oder aufgerollte süße Knödel. Sie sind die ideale Verpackung für die vielen beeindruckenden rohen Zutaten, die uns heutzutage zur Verfügung stehen. Sie sind ganz einfach zuzubereiten und wunderbar anpassbar, falls Sie unsere Rezepte abändern oder zusätzliche Aromen verwenden möchten. Viel Spaß beim Experimentieren!

Maca, Mesquite, Maqui 31

Zitrone & Goji 33

Matcha 35

Rocher 37

Milchschokolade 38

Süße Mandel 39

Schwarzer Sesam 40

Cashew-Kokos 41

Mitternachts-Minze 42

Ahorn-Pekan 43

Maca, Mesquite, Maqui

All unsere Lieblings-Superfoods vereint in einem einzigen schokoladigen Happen! Maqui ist ein lilafarbenes Pulver, das erst seit Kurzem auf dem Markt erhältlich ist. Es ist reich an Antioxidantien und hat einen einzigartig herben Geschmack, der die Süße dieses Trüffels wunderbar ergänzt.

130 g Kakaopulver
180 ml flüssiges Süßungsmittel
1 EL Maca-Pulver
½ EL Mesquite-Pulver
1 TL Maqui-Pulver
1 TL Vanilleextrakt
½ TL Salz
200 g Kakaobutter, geschmolzen
85 g Kokosnussöl

Garnierung

2 EL Maca-Pulver
2 EL Mesquite-Pulver
2 EL Maqui-Pulver

Maca-, Mesquite- und Maqui-Pulver für die Garnierung zusammen in eine Schüssel sieben und beiseitestellen.

Alle Zutaten außer Kakaobutter und Kokosnussöl in einem Hochleistungsmixer glatt pürieren. Kakaobutter und Kokosnussöl langsam hinzugeben. Den Mixer laufen lassen, bis die Masse glatt und gründlich vermischt ist. In eine Schüssel gießen und für 15 bis 30 Minuten in den Kühlschrank stellen, bis die Mischung so fest ist, dass sie gestochen und geformt werden kann. Dann mit einem kleinen Eislöffel kleine Kugeln von jeweils circa 2 Esslöffeln herausstechen. Anschließend im gesiebten Pulver wälzen.

Circa 24 Trüffel

Zitrone & Goji

Trüffel sind geniale kleine Überraschungspakete. Da für die Zubereitung keine großen Zutatenmengen benötigt werden, sind sie das ideale Vehikel für exotische Aromen. Die Kombination aus Zitrone und Gojibeeren ist nur eine Idee – probieren Sie außerdem Safran, Zitronengras, Kaffirlimette … Die Möglichkeiten sind unendlich.

200 g Cashewkerne, eingeweicht
250 ml flüssiges Süßungsmittel
1 EL Vanilleextrakt
Mark von 1 Vanilleschote
3 EL geriebene Zitronenschale
½ TL Salz
200 g Kakaobutter, geschmolzen
85 g Kokosnussöl
125 g Kokosnussbutter
50 g Gojibeeren, fein gehackt

Garnierung

Kokosblütenzucker, in einer Gewürzmühle fein gemahlen

Die ersten sechs Zutaten in einem Hochleistungsmixer glatt pürieren. Langsam Kakaobutter, Kokosnussöl und Kokosnussbutter hinzugeben. Den Mixer laufen lassen, bis die Masse glatt und gründlich vermischt ist. Die Gojibeeren einrühren. In eine Schüssel gießen und für 15 bis 30 Minuten in den Kühlschrank stellen, bis die Mischung so fest ist, dass sie gestochen und geformt werden kann. Dann mit einem kleinen Eislöffel kleine Kugeln von jeweils circa 2 Esslöffeln herausstechen. Anschließend im gemahlenen Kokosblütenzucker wälzen.

Circa 24 Trüffel

Matcha

Unsere schlichteste, aber eleganteste Trüffelpraline. Wir bieten häufig mögliche Abwandlungen unserer Rezepte an, doch dieses ist vollkommen ausgereift und wunderbar so, wie es ist.

130 g Kakaopulver
180 ml flüssiges Süßungsmittel
2 EL Matcha-Pulver
1 TL Vanilleextrakt
½ TL Salz
200 g Kakaobutter, geschmolzen
85 g Kokosnussöl

Garnierung

3-4 EL Matcha-Pulver

Alle Zutaten außer Kakaobutter und Kokosnussöl in einem Hochleistungsmixer glatt pürieren. Kakaobutter und Kokosnussöl langsam zugeben. Den Mixer laufen lassen, bis die Masse glatt und gründlich vermischt ist. In eine Schüssel gießen und für 15 bis 30 Minuten in den Kühlschrank stellen, bis die Mischung so fest ist, dass sie gestochen und geformt werden kann. Dann mit einem kleinen Eislöffel kleine Kugeln von jeweils circa 2 Esslöffeln herausstechen. Anschließend im Matcha-Pulver wälzen.

Circa 24 Trüffel

Rocher

Rocher bedeutet zwar „Felsen" auf Französisch, aber die Süßigkeit wird von denselben Genies in Italien hergestellt, die auch Nutella produzieren. Dieser rohe Schokoladentrüffel ist ein Wunder des Mundgefühls und erinnert geschmacklich an Gianduja, Nougat oder Schokolade mit Haselnüssen.

165 g Kakaopulver
250 ml flüssiges Süßungsmittel
1 TL Vanilleextrakt
1 TL Haselnussextrakt
½ TL Salz
200 g Kakaobutter, geschmolzen
85 g Kokosnussöl
70 g gehackte Haselnüsse (davon die Hälfte für die Garnierung beiseitestellen)
35 g Kokosblütenzucker, in einer Gewürzmühle fein gemahlen

Die ersten fünf Zutaten in einem Hochleistungsmixer glatt pürieren. Kakaobutter und Kokosnussöl langsam dazugeben. Den Mixer laufen lassen, bis alle Zutaten gründlich vermischt sind. Die gehackten Haselnüsse und den Kokosblütenzucker einrühren. In eine Schüssel gießen und für 15 bis 30 Minuten in den Kühlschrank stellen, bis die Mischung so fest ist, dass sie gestochen und geformt werden kann. Dann mit einem kleinen Eislöffel kleine Kugeln von jeweils circa 2 Esslöffeln herausstechen. Anschließend in den beiseite gestellten gehackten Haselnüssen wälzen.

Circa 24 Trüffel

Milchschokolade

Sie können natürlich anstelle der Mandelmilch eine beliebige andere Nussmilch verwenden; der Geschmack dieser Trüffel ändert sich dabei entsprechend. Pistazienmilch ist zum Beispiel eine tolle Alternative.

190 g Kakaopulver
180 ml flüssiges Süßungsmittel
60 ml Mandelmilch
1 TL Vanilleextrakt
Mark von 1 Vanilleschote
½ TL Salz
200 g Kakaobutter, geschmolzen
85 g Kokosnussöl
55 g Kokosnussbutter

Garnierung
35 g gesiebtes Kakaopulver

Alle Zutaten außer Kakaobutter, Kokosnussöl und Kokosnussbutter in einem hochtourigen Mixer glatt pürieren. Dann Kakaobutter, Kokosnussöl und -butter langsam hinzugeben. So lange mixen, bis alle Zutaten gründlich miteinander vermischt sind. In eine Schüssel gießen und für 15 bis 30 Minuten in den Kühlschrank stellen, bis die Mischung so fest ist, dass sie gestochen und geformt werden kann. Dann mit einem kleinen Eislöffel kleine Kugeln von jeweils circa 2 Esslöffeln herausstechen. Anschließend im Kakaopulver wälzen.

Circa 24 Trüffel

Süße Mandel

Extrakte und Aromen sind ideal für die Verwendung in Schokolade und süßen Gebäcken; in diesem Rezept verwenden wir ein süßes Mandelextrakt. Wie Ihnen vielleicht schon in anderen Rezepten aufgefallen ist, mögen wir auch andere Geschmacksrichtungen, zum Beispiel Pfefferminz, sehr gerne.

165 g Kakaopulver
250 ml flüssiges Süßungsmittel
1 TL Vanilleextrakt
1 TL Mandelextrakt
½ TL Salz
200 g Kakaobutter, geschmolzen
85 g Kokosnussöl
70 g gehackte Mandeln (davon die Hälfte für die Garnierung beiseitestellen)

Alle Zutaten außer der Kakaobutter, dem Kokosnussöl und den Mandeln in einem Hochleistungsmixer glatt pürieren. Dann Kakaobutter und Kokosnussöl langsam hinzugeben. Den Mixer laufen lassen, bis die Masse glatt und vollständig vermischt ist. Die gehackten Mandeln einrühren. In eine Schüssel gießen und für 15 bis 30 Minuten in den Kühlschrank stellen, bis die Mischung so fest ist, dass sie gestochen und geformt werden kann. Dann mit einem kleinen Eislöffel kleine Kugeln von jeweils circa 2 Esslöffeln herausstechen. Zum Garnieren in den restlichen gehackten Mandeln wälzen.

Circa 24 Trüffel

Schwarzer Sesam

Rohkost-Halva-Trüffel! Wir verwenden zwar nur sehr wenig Honig in diesem Buch, aber für dieses Rezept ist er eine toll Alternative zu Agavendicksaft und trägt wunderbar zum mediterranen Flair dieser Schokoladentrüffel bei.

165 g Kakaopulver
250 ml Agavendicksaft oder Honig
1 TL Vanilleextrakt
1 EL Sesamöl
60 ml Tahina
½ TL Salz
200 g Kakaobutter, geschmolzen
85 g Kokosnussöl

Garnierung
35 g schwarzer Sesam

Alle Zutaten außer Kakaobutter und Kokosnussöl in einem Hochleistungsmixer glatt pürieren. Kakaobutter und Kokosnussöl langsam hinzugeben. So lange mixen, bis alle Zutaten gründlich miteinander vermischt sind. In eine Schüssel gießen und für 15 bis 30 Minuten in den Kühlschrank stellen, bis die Mischung so fest ist, dass sie gestochen und geformt werden kann. Jeweils zwei Esslöffel der Mischung mit einem kleinen Eislöffel zu kleinen Kugeln formen. Zum Garnieren im Sesam wälzen.

Circa 24 Trüffel

Cashew-Kokos

Ein kurzer Hinweis zu Kokosnussöl: Wir verwenden ausschließlich unbehandeltes, rohes Kokosnussöl sowie -butter, allerdings haben manche Sorten einen kräftigeren Kokosnussgeschmack als andere. Wenn Ihre Kreation nach Kokosnuss schmecken soll, ist ein kräftiges Öl ideal, aber wir haben immer ein paar verschiedene Sorten zur Hand und wägen ab, welche am besten geeignet ist, damit der Kokosgeschmack nur dann richtig intensiv ist, wenn wir das wollen.

200 g Cashewkerne, eingeweicht
250 ml flüssiges Süßungsmittel
1 EL Vanilleextrakt
Mark von 1 Vanilleschote
½ TL Salz
200 g Kakaobutter, geschmolzen
85 g Kokosnussöl
125 g Kokosnussbutter

Garnierung

3-4 EL Kokosnussflocken, in einer Gewürzmühle fein gemahlen

Alle Zutaten außer Kakaobutter, Kokosnussöl und -butter in einem Hochleistungsmixer glatt pürieren. Dann Kakaobutter, Kokosnussöl und -butter langsam hinzugeben. Den Mixer laufen lassen, bis die Masse glatt und gründlich vermischt ist. In eine Schüssel gießen und für 15 bis 30 Minuten in den Kühlschrank stellen, bis die Mischung so fest ist, dass sie gestochen und geformt werden kann. Dann mit einem kleinen Eislöffel kleine Kugeln von jeweils circa 2 Esslöffeln herausstechen. Zum Garnieren in den fein gemahlenen Kokosflocken rollen.

Circa 24 Trüffel

Mitternachts-Minze

Wie bei unseren Rocher-Trüffeln setzen wir hier auf Mundgefühl, Struktur und zusätzlich ein kühles Minzextrakt, das die reichhaltige Schwere dieses Rezeptes ausbalanciert.

165 g Kakaopulver
180 ml flüssiges Süßungsmittel
1 TL Vanilleextrakt
2 TL Pfefferminzextrakt
½ TL Salz
200 g Kakaobutter, geschmolzen
85 g Kokosnussöl

Garnierung

35 g Kakaonibs

Alle Zutaten außer Kakaobutter und Kokosnussöl in einem Hochleistungsmixer glatt pürieren. Kakaobutter und Kokosnussöl langsam hinzugeben. So lange mixen, bis alle Zutaten gründlich miteinander vermischt sind. In eine Schüssel gießen und für 15 bis 30 Minuten in den Kühlschrank stellen, bis die Mischung so fest ist, dass sie gestochen und geformt werden kann. Jeweils zwei Esslöffel der Mischung mit einem kleinen Eislöffel zu kleinen Kugeln formen. Zum Garnieren in Kakaonibs wälzen.

Circa 24 Trüffel

Ahorn-Pekan

Unser Gruß an den Nordosten der USA. Eine Geschmacksrichtung mit allen Eigenschaften von Butterscotch, die auch als sommerliche Eiscreme lecker wäre.

165 g Kakaopulver
180 ml Ahornsirup
1 TL Vanilleextrakt
Mark von 1 Vanilleschote
½ TL Salz
200 g Kakaobutter, geschmolzen
85 g Kokosnussöl

Garnierung

25 g Pekannüsse, in einem leistungsstarken Mixer oder einer Gewürzmühle fein gemahlen

---

Alle Zutaten außer Kakaobutter und Kokosnussöl in einem Hochleistungsmixer glatt pürieren. Kakaobutter und Kokosnussöl langsam hinzugeben. So lange mixen, bis alle Zutaten gründlich miteinander vermischt sind. In eine Schüssel gießen und für 15 bis 30 Minuten in den Kühlschrank stellen, bis die Mischung so fest ist, dass sie gestochen und geformt werden kann. Jeweils zwei Esslöffel der Mischung mit einem kleinen Eislöffel zu kleinen Kugeln formen. Zum Garnieren in den gemahlenen Pekannüssen wälzen.

Circa 24 Trüffel

Pralinen

Es kann eine ganz schöne Herausforderung sein, dem eigenen Ruf von Bescheidenheit gerecht zu werden. Pralinen, diese bescheidenen kleinen Schokoladenkreationen, fallen in diese Kategorie, insbesondere, wenn sie gut gemacht sind. Doch ihnen ist auch eine Eleganz zu eigen, die uns innehalten lässt, etwas Druck auf unsere Denkweise ausübt und uns immer auf Trab hält, um ja der köstlichen Geschichte gerecht zu werden, die sie verkörpern. Unsere Pralinen machen etwas mehr Arbeit als Trüffel, doch sie sind stabiler, kultivierter und aufrichtig gut.

Pistazie & Weißer Nougat   47

Honig-Kamille   49

Zitrone-Basilikum   51

Mandel-Buttercup   53

Pfefferminz-Crème   55

Marzipan   56

Dunkle Schokolade   57

Mesquite, Ahorn, Walnuss   58

Schokolade-Chai   59

Salziges Karamell   60

Pistazie & Weißer Nougat

Ich war schon immer fasziniert von exotischen, mediterranen Aromen mit ihrer oft luxuriösen, würzigen Süße. Die Kombination aus Pistazien und Rosenwasser ist wie eine Verschmelzung von Marokko und Sizilien.

Circa 24 Schokoladen-Hohlkörper (Seite XIV)

Füllung

80 g Cashewkerne
80 g Macadamianüsse
180 ml flüssiges Süßungsmittel
60 ml Honig*
3 EL Mandelextrakt
1 EL Rosenwasser
1 EL Vanilleextrakt
1 Prise Meersalz
150 g Kokosnussöl, geschmolzen
210 g Kokosnussmehl
130 g Pistazien, gehackt

Zubereitung der Füllung

Alle Zutaten außer Kokosnussmehl und Pistazien glatt pürieren, dann das Kokosnussmehl in einer Küchenmaschine unter die pürierten Zutaten mischen und alles zu einem glatten Teig verrühren. Die Mischung in den Kühlschrank stellen, bis sie fest zu werden beginnt, aber noch formbar ist. Jetzt die Pistazien unterheben. Diese Füllung ist vergleichsweise fest. Je nach Größe Ihrer Formen zu kleinen Kugeln rollen, um die Schokoladen-Hohlkörper zu füllen.

Pralinen füllen

Anweisungen zum Befüllen der Hohlkörper finden Sie auf Seite XIV.

* Für eine vegane Variante die gleiche Menge Agavendicksaft nehmen.

Circa 24 Pralinen

Honig-Kamille

Ein Tipp für Ihre individuellen Schokoladenkreationen: Aromen, die gut zu Tee- und Kaffeegetränken passen, sind im Allgemeinen genauso lecker in Kombination mit Schokolade.

Circa 24 Schokoladen-Hohlkörper (Seite XIV)

Füllung

250 ml Honig*
60 ml Kamillentee
1 EL Vanilleextrakt
1 Prise Meersalz
150 g Kokosnussöl, geschmolzen

Zubereitung der Füllung

Alle Zutaten glatt pürieren. Zum Befüllen der Hohlkörper die Mischung in einen Spritzbeutel mit sehr dünner Tülle geben.

Pralinen füllen

Anweisungen zum Befüllen der Hohlkörper finden Sie auf Seite XIV.

* Für eine vegane Variante die gleiche Menge Agavendicksaft nehmen.

Circa 24 Pralinen

Zitrone-Basilikum

Wenn Sie das Glück haben, an einem Ort zu wohnen, an dem es regional frisches Zitronenbasilikum gibt, dann verwenden Sie es zur Saison unbedingt anstelle von gewöhnlichem Basilikum.

Circa 24 Schokoladen-Hohlkörper (Seite XIV)

Füllung

80 g Cashewkerne
80 g Macadamianüsse
180 ml flüssiges Süßungsmittel
60 ml Zitronensaft
2 EL gehacktes frisches Basilikum oder Zitronenbasilikum
1 EL Zitronenschale
1 EL Vanilleextrakt
1 Prise Meersalz
150 g Kokosnussöl, geschmolzen
210 g Kokosnussmehl

Zubereitung der Füllung

Alle Zutaten außer dem Kokosnussmehl glatt pürieren, dann das Kokosnussmehl in einer Küchenmaschine unter die pürierten Zutaten mischen und alles zu einem glatten Teig verrühren. Die Mischung in den Kühlschrank stellen, bis sie fest zu werden beginnt, aber noch formbar ist. Diese Füllung ist vergleichsweise fest. Je nach Größe Ihrer Formen zu kleinen Kugeln rollen, um die Schokoladen-Hohlkörper zu füllen.

Pralinen füllen

Anweisungen zum Befüllen der Hohlkörper finden Sie auf Seite XIV.

Circa 24 Pralinen

Mandel-Buttercup

Diese Mandel-Buttercups können beliebig variiert werden. Verwenden Sie andere Nüsse oder Süßungsmittel oder experimentieren Sie mit ätherischen Ölen, Zitrusschalen und Gewürzen.

Circa 24 Schokoladen-Hohlkörper (Seite XIV)

Füllung

600 g Mandelmus
180 ml flüssiges Süßungsmittel
60 ml Honig*
2 EL Kokosblütenzucker, in einer Gewürzmühle fein gemahlen
1 EL Vanilleextrakt
1 EL Meersalz

Zubereitung der Füllung

Alle Zutaten glatt pürieren. Diese Füllung hat eine mittelfeste Konsistenz. Zum Befüllen der Schokoladen-Hohlkörper die Mischung in einen Spritzbeutel mit einer 0,6 cm großen Tülle füllen.

Pralinen füllen

Anweisungen zum Befüllen der Hohlkörper finden Sie auf Seite XIV.

* Für eine vegane Variante die gleiche Menge Agavendicksaft nehmen.

Circa 24 Pralinen

Pfefferminz-Crème

Die Verwendung von Spirulina ist optional in diesem Rezept. Sie ist eine freche Zugabe zu Pfefferminzschokolade. Spirulina bringt Extranährstoffe mit und verleiht der Füllung eine völlig natürliche, hübsche Minzfarbe.

Circa 24 Schokoladen-Hohlkörper (Seite XIV)

Füllung

80 g Cashewkerne
80 g Macadamianüsse
180 ml flüssiges Süßungsmittel
60 ml Honig*
3 EL Pfefferminzextrakt
1 EL Vanilleextrakt
1 Prise Meersalz
1 EL Spirulina (optional)
150 g Kokosnussöl, geschmolzen
210 g Kokosnussmehl

Zubereitung der Füllung

Alle Zutaten außer dem Kokosnussmehl glatt pürieren, dann das Kokosnussmehl in einer Küchenmaschine unter die pürierten Zutaten mischen und alles zu einem glatten Teig verrühren. Die Mischung in den Kühlschrank stellen, bis sie fest zu werden beginnt, aber noch formbar ist. Diese Füllung ist vergleichsweise fest. Je nach Größe Ihrer Formen zu kleinen Kugeln rollen, um die Schokoladen-Hohlkörper zu füllen.

Pralinen füllen

Anweisungen zum Befüllen der Hohlkörper finden Sie auf Seite XIV.

* Für eine vegane Variante die gleiche Menge Agavendicksaft nehmen.

Circa 24 Pralinen

Marzipan

Marzipan wird traditionell aus blanchierten und geschälten Mandeln hergestellt. Rohe, ungeschälte Mandeln erzeugen nicht dasselbe luxuriöse Mundgefühl, daher verwenden wir in diesem Rezept lieber Cashewkerne und Macadamianüsse.

Circa 24 Schokoladen-Hohlkörper (Seite XIV)

Füllung

80 g Cashewkerne
80 g Macadamianüsse
250 ml flüssiges Süßungsmittel
3 EL Mandelextrakt
1 EL Vanilleextrakt
1 Prise Meersalz
150 g Kokosnussöl, geschmolzen
210 g Kokosnussmehl

Zubereitung der Füllung

Alle Zutaten außer dem Kokosnussmehl glatt pürieren, dann das Kokosnussmehl in einer Küchenmaschine unter die pürierten Zutaten mischen und alles zu einem glatten Teig verrühren. Die Mischung in den Kühlschrank stellen, bis sie fest zu werden beginnt, aber noch formbar ist. Diese Füllung ist vergleichsweise fest. Je nach Größe Ihrer Formen zu kleinen Kugeln rollen, um die Schokoladen-Hohlkörper zu füllen.

Pralinen füllen

Anweisungen zum Befüllen der Hohlkörper finden Sie auf Seite XIV.

Circa 24 Pralinen

Dunkle Schokolade

Eine schlichte Praline für jede Gelegenheit. Sie kann auch toll als Basis für die verschiedensten anderen Geschmacksrichtungen herhalten; experimentieren Sie zum Beispiel mit kandierten Orangen, Zitronenschale oder was Ihnen sonst noch so einfällt.

Circa 24 Schokoladen-Hohlkörper (Seite XIV)

Füllung

130 g Kakaopulver
250 ml flüssiges Süßungsmittel
Mark von 1 Vanilleschote
1 Prise Meersalz
215 g Kokosnussöl, geschmolzen
90 g Kakaobutter, geschmolzen
125 g Kokosnussbutter, geschmolzen

Zubereitung der Füllung

Alle Zutaten glatt pürieren. Die Mischung in den Kühlschrank stellen, bis sie fest zu werden beginnt, aber noch formbar ist. Diese Füllung ist vergleichsweise fest; die Konsistenz sollte an Buttertoffee erinnern. Je nach Größe Ihrer Formen zu kleinen Kugeln rollen, um die Schokoladen-Hohlkörper zu füllen.

Pralinen füllen

Anweisungen zum Befüllen der Hohlkörper finden Sie auf Seite XIV.

Circa 24 Pralinen

Mesquite, Ahorn, Walnuss

So wie in der Malerei Farbvariationen gut funktionieren, können kontrastierende Aromen ein Rezept wunderbar bereichern. Wir kombinieren gern kontrastierende Zutaten mit ähnlichem Mundgefühl – hier waldig und erdig. So entsteht ein milderes, aber interessantes Geschmacksprofil.

Circa 24 Schokoladen-Hohlkörper (Seite XIV)

Füllung

245 g Walnussmus
90 g Kokosnussöl, geschmolzen
250 ml Ahornsirup
2 EL Mesquite-Pulver
1 EL Vanilleextrakt
1 EL Meersalz
50 g gehackte Walnüsse

Zubereitung der Füllung

Alle Zutaten außer den Walnüssen glatt pürieren. Die Mischung in den Kühlschrank stellen, bis sie fest zu werden beginnt, aber noch formbar ist. Sobald sie sich recht fest anfühlt, die Walnüsse unterheben. Diese Füllung ist vergleichsweise fest. Je nach Größe Ihrer Formen zu kleinen Kugeln rollen, um die Schokoladen-Hohlkörper zu füllen.

Pralinen füllen

Anweisungen zum Befüllen der Hohlkörper finden Sie auf Seite XIV.

Circa 24 Pralinen

Schokolade-Chai

Eine unserer exotischeren Pralinen. Dazu passt wunderbar eine Tasse Mandelmilch.

Circa 24 Schokoladen-Hohlkörper (Seite XIV)

Füllung

130 g Cashewkerne
65 g Kakaopulver
250 ml flüssiges Süßungsmittel
1 EL Vanilleextrakt
1 EL Zimt
1 TL Muskat, gemahlen
1 TL Ingwer, frisch gerieben
Mark von 1 Vanilleschote
1 Prise Meersalz
150 g Kokosnussöl, geschmolzen

Zubereitung der Füllung

Alle Zutaten außer dem Kokosnussöl glatt pürieren. Zum Schluss das Kokosnussöl hinzugeben und sehr gut untermischen, bis die Masse glatt ist. Die Mischung in den Kühlschrank stellen, bis sie fest zu werden beginnt, aber noch formbar ist. Diese Füllung ist vergleichsweise fest; die Konsistenz sollte an Buttertoffee erinnern. Je nach Größe Ihrer Formen zu kleinen Kugeln rollen, um die Schokoladen-Hohlkörper zu füllen.

Pralinen füllen

Anweisungen zum Befüllen der Hohlkörper finden Sie auf Seite XIV.

Circa 24 Pralinen

Salziges Karamell

Die Kombination aus Karamell und Schokolade ist ein Klassiker, aber durch die Zugabe von etwas Salz wird daraus eine göttliche Kreation. Für uns ist sie Perfektion schlechthin.

Circa 24 Schokoladen-Hohlkörper (Seite XIV)

Füllung

135 g Macadamianüsse
80 g Cashewkerne
250 ml flüssiges Süßungsmittel
1 EL Vanilleextrakt
½ TL Meersalz
150 g Kokosnussöl, geschmolzen

Zubereitung der Füllung

Alle Zutaten außer dem Kokosnussöl glatt pürieren, dann das Kokosnussöl in einer Küchenmaschine unter die pürierten Zutaten mischen und alles zu einem glatten Teig verrühren. Die Mischung in den Kühlschrank stellen, bis sie fest zu werden beginnt, aber noch formbar ist. Diese Füllung ist vergleichsweise fest. Je nach Größe Ihrer Formen zu kleinen Kugeln rollen, um die Schokoladen-Hohlkörper zu füllen.

Pralinen füllen

Anweisungen zum Befüllen der Hohlkörper finden Sie auf Seite XIV.

Circa 24 Pralinen

Fudge

Unser Fudge oder Buttertoffee hat ein südamerikanisches Flair, ist aber gleichzeitig der Inbegriff von Eleganz. Es hat seine Wurzeln zwar in den Lieblingssüßigkeiten unserer Kindheit, doch die Zutaten, die wir verwenden, um das typische feste, aber reichhaltige Mundgefühl zu erzeugen, sind vollkommen natürlich. Manche Schokoladenrezepte können etwas knifflig sein, aber diese Rezepte sind wirklich simpel — sie sind ideal für Anfänger und kommen immer gut an.

Weißes Schokoladen-Fudge 65

Milchschokolade-Chai 67

Maca-Macadamia 69

Dunkle Schokoladen-Ganache 71

Superfood-Fudge 72

Kakao & Vanille 73

Marzipan & Weiße Schokolade 73

Mandel-Praliné-Fudge 74

Ahorn-Walnuss 75

Gianduja 75

Weißes Schokoladen-Fudge

Dieses weiße Schokoladen-Fudge ist ein entfernter Verwandter der bei Kindern so beliebten amerikanischen Süßigkeit Marshmallow. Unsere Version ist ebenso göttlich, enthält aber viel weniger Zucker.

130 g Cashewkerne, eingeweicht
200 g Kakaobutter, geschmolzen
125 g Kokosnussbutter
250 ml flüssiges Süßungsmittel
2 EL Vanilleextrakt
4 EL Wasser
1 Prise Salz

Alle Zutaten glatt pürieren.

Die Seiten einer quadratischen 22er-Backform mit Kokosnussöl einfetten und den Boden mit Backpapier auslegen. Die pürierte Mischung in die vorbereitete Form gießen. Zum Aushärten für mindestens 1 Stunde ins Tiefkühlfach stellen. Fudge kann mehrere Wochen lang im Kühlschrank oder Tiefkühlfach gelagert werden.

Circa 35 2,5 Zentimeter große Stücke

Milchschokolade-Chai

Chai ist hierzulande als aromatischer indischer Tee bekannt, seine charakteristische Gewürzmischung eignet sich aber auch wunderbar zum Ausbalancieren erdiger Aromen und kann toll mit Schokolade kombiniert werden. Aufgrund seines kräftigen Geschmacks passt Chai besser zu Milchschokolade als dunkler Schokolade und sorgt so für einen verträumten, himmlischen Effekt.

130 g Kakaopulver
200 g Kakaobutter, geschmolzen
85 g Kokosnussöl
375 ml flüssiges Süßungsmittel
60 ml Mandelmilch
2 EL Wasser
1 EL Vanilleextrakt
1 TL Zimt, gemahlen
1 TL Muskat, gemahlen
½ TL Gewürznelken, gemahlen
¼ TL Salz

Alle Zutaten glatt pürieren.

Die Seiten einer quadratischen 22er-Backform mit Kokosnussöl einfetten und den Boden mit Backpapier auslegen. Die pürierte Mischung in die vorbereitete Form gießen. Zum Aushärten für mindestens 1 Stunde ins Tiefkühlfach stellen. Fudge kann mehrere Wochen lang im Kühlschrank oder Tiefkühlfach gelagert werden.

Circa 35 2,5 Zentimeter große Stücke

Maca-Macadamia

Wenn Sie wie wir den Geschmack von Lucuma lieben, verwenden Sie es in diesem Rezept als optionale Zutat für ein peruanisch inspiriertes „Fudge".

130 g Kakaopulver
200 g Kakaobutter, geschmolzen
85 g Kokosnussöl
375 ml flüssiges Süßungsmittel
60 ml Mandelmilch
2 EL Maca-Pulver
¼ TL. Salz
1 EL Vanilleextrakt
135 g gehackte Macadamianüsse

Alle Zutaten außer den Macadamianüssen glatt pürieren. Dann die gehackten Nüsse unterheben.

Die Seiten einer quadratischen 22er-Backform mit Kokosnussöl einfetten und den Boden mit Backpapier auslegen. Die pürierte Mischung in die vorbereitete Form gießen. Zum Aushärten für mindestens 1 Stunde ins Tiefkühlfach stellen. Fudge kann mehrere Wochen lang im Kühlschrank oder Tiefkühlfach gelagert werden.

Circa 35 2,5 Zentimeter große Stücke

Dunkle Schokoladen-Ganache

Ein dunkler, schokoladiger Traum!

190 g Kakaopulver
300 g Kakaobutter, geschmolzen
375 ml flüssiges Süßungsmittel
1 EL Vanilleextrakt
1 Prise Salz

Alle Zutaten glatt pürieren.

Die Seiten einer quadratischen 22er-Backform mit Kokosnussöl einfetten und den Boden mit Backpapier auslegen. Die pürierte Mischung in die vorbereitete Form gießen. Zum Aushärten für mindestens 1 Stunde ins Tiefkühlfach stellen. Fudge kann mehrere Wochen lang im Kühlschrank oder Tiefkühlfach gelagert werden.

Circa 35 2,5 Zentimeter große Stücke

Superfood-Fudge

Wenn Sie auf der nächsten langen Autofahrt, Bergwanderung oder Ski-Reise den ultimativen Happen für einen explosiven Energieschub brauchen – hier ist er. Ernährung durch Schokolade: ein Erfolgsrezept.

130 g Kakaopulver
200 g Kakaobutter, geschmolzen
200 g Mandelmus
375 ml flüssiges Süßungsmittel
1 EL Vanilleextrakt
1 EL Spirulina
1 EL Maca-Pulver
1 Prise Salz
50 g Gojibeeren, gehackt
85 g Hanfsamen
35 g Sonnenblumenkerne, gehackt

Alle Zutaten außer den Gojibeeren, Hanfsamen und Sonnenblumenkernen glatt pürieren. Anschließend Gojibeeren, Hanfsamen und Sonnenblumenkerne unterheben.

Die Seiten einer quadratischen 22er-Backform mit Kokosnussöl einfetten und den Boden mit Backpapier auslegen. Die pürierte Mischung in die vorbereitete Form gießen. Zum Aushärten für mindestens 1 Stunde ins Tiefkühlfach stellen. Fudge kann mehrere Wochen lang im Kühlschrank oder Tiefkühlfach gelagert werden.

Circa 35 2,5 Zentimeter große Stücke

Fudge

Kakao & Vanille

Ein schlichtes Grundrezept für jede Gelegenheit. Es ist die ideale Basis für Nüsse, Samen und andere optionale Zutaten.

130 g Kakaopulver	1 EL Vanilleextrakt
200 g Kakaobutter, geschmolzen	Mark von 2 Vanilleschoten
85 g Kokosnussöl	2 EL Wasser
375 ml flüssiges Süßungsmittel	1 Prise Salz

Alle Zutaten glatt pürieren.

Die Seiten einer quadratischen 22er-Backform mit Kokosnussöl einfetten und den Boden mit Backpapier auslegen. Die pürierte Mischung in die vorbereitete Form gießen. Zum Aushärten für mindestens 1 Stunde ins Tiefkühlfach stellen. Fudge kann mehrere Wochen lang im Kühlschrank oder Tiefkühlfach gelagert werden.

Circa 35 2,5 Zentimeter große Stücke

Marzipan & Weiße Schokolade

In der Rohkostküche werden geniale Entdeckungen häufig rein zufällig gemacht – die Verwendung von Kokosnussmehl in diesem Rezept war ein solcher Zufall. Es verhilft zu einem weichen, herben Mundgefühl und Geschmack und kann gemeinsam mit dem Mandelextrakt als Rohkostmarzipan überzeugen.

180 g Cashewkerne, eingeweicht	65 g Kokosnussmehl
200 g Kakaobutter, geschmolzen	1 EL Mandelextrakt
220 g Kokosnussbutter	2 EL Mandelmilch
375 ml flüssiges Süßungsmittel	1 Prise Salz

Alle Zutaten glatt pürieren.

Die Seiten einer quadratischen 22er-Backform mit Kokosnussöl einfetten und den Boden mit Backpapier auslegen. Die pürierte Mischung in die vorbereitete Form gießen. Zum Aushärten für mindestens 1 Stunde ins Tiefkühlfach stellen. Fudge kann mehrere Wochen lang im Kühlschrank oder Tiefkühlfach gelagert werden.

Circa 35 2,5 Zentimeter große Stücke

Mandel-Praliné-Fudge

Wie bei vielen unserer Rezepte können Sie hier nach Herzenslust experimentieren. Macadamiamus ist eine unglaublich leckere Alternative zu Mandelmus, ist aber tendenziell schwieriger aufzutreiben.

Fudge

130 g Kakaopulver
125 g Kakaobutter
200 g Mandelmus
375 ml flüssiges Süßungsmittel
1 EL Vanilleextrakt
1 EL Mandelextrakt (optional)
1 Prise Salz

Mandelwirbel

200 g Mandelmus
125 ml flüssiges Süßungsmittel
1 TL Vanilleextrakt
1 Prise Salz

Alle Fudge-Zutaten glatt pürieren. In einer zweiten Schüssel alle Mandelwirbel-Zutaten glatt pürieren.

Die Seiten einer quadratischen 22er-Backform mit Kokosnussöl einfetten und den Boden mit Backpapier auslegen. Die pürierten Fudge-Zutaten in die Form gießen und für circa 20 Minuten in den Kühlschrank stellen, bis die Masse fest zu werden beginnt. Dann die Mandelwirbel-Mischung in dünnen Linien auf das Fudge gießen und mit einem Essstäbchen oder einem ähnlichen dünnen Utensil spiralförmig durch das Fudge ziehen. Zum Aushärten für mindestens 1 Stunde ins Tiefkühlfach stellen. Fudge kann mehrere Wochen lang im Kühlschrank oder Tiefkühlfach gelagert werden.

Circa 35 2,5 Zentimeter große Stücke

Fudge

Ahorn-Walnuss

Dieses Rezept kann als Basis für beliebige Kombinationen aus Nüssen und Süßungsmitteln Ihrer Wahl dienen, zum Beispiel Pistazie-Honig, Macadamia-Kokosblütensaft oder Mandel-Agavendicksaft. Es gibt wirklich viele Möglichkeiten.

130 g Kakaopulver
125 g Kakaobutter
115 g Walnussmus
375 ml Ahornsirup

1 EL Vanilleextrakt
1 EL Walnussextrakt (optional)
1 Prise Salz

Alle Zutaten glatt pürieren.

Die Seiten einer quadratischen 22er-Backform mit Kokosnussöl einfetten und den Boden mit Backpapier auslegen. Die pürierte Mischung in die vorbereitete Form gießen. Zum Aushärten für mindestens 1 Stunde ins Tiefkühlfach stellen. Fudge kann mehrere Wochen lang im Kühlschrank oder Tiefkühlfach gelagert werden.

Circa 35 2,5 Zentimeter große Stücke

Gianduja

Gianduja-Fudge ist eine gesündere Version von Nutella; diese Pralinen kommen sowohl bei Kids als auch Erwachsenen gut an.

130 g Kakaopulver
125 g Kakaobutter
115 g Haselnussmus

375 ml flüssiges Süßungsmittel
1 EL Vanilleextrakt
1 EL Haselnussextrakt

Garnierung
Gehackte Haselnüsse

Alle Zutaten glatt pürieren.

Die Seiten einer quadratischen 22er-Backform mit Kokosnussöl einfetten und den Boden mit Backpapier auslegen. Die pürierte Mischung in die vorbereitete Form gießen. Mit gehackten Haselnüssen garnieren. Zum Aushärten für mindestens 1 Stunde ins Tiefkühlfach stellen. Gianduja kann mehrere Wochen lang im Kühlschrank oder Tiefkühlfach gelagert werden.

Circa 35 2,5 Zentimeter große Stücke

Früchte

Früchte und Schokolade vereint eine lange, wundervolle Geschichte. Sie sind für einige unserer denkwürdigsten Momente verantwortlich. Insbesondere nach einer schweren Mahlzeit ist weniger reichhaltige Schokolade oft angenehmer – in Kombination mit Obst wirkt sie leichter und bringt eine leckere Frische mit – ohne den Belohnungseffekt einzubüßen. Sie werden sehen, dass wir in vielen unserer Rezepte getrocknetes Obst verwenden, da es stabiler und leichter zu verarbeiten ist. In einigen Rezepten für ganz besondere Gelegenheiten können Sie aber auch frische Früchte unterbringen, und natürlich können Sie Ihr Lieblingsobst auch einfach ganz klassisch in geschmolzene Schokolade dippen!

Marokkanische Datteln 79

Erdbeeren im Schokoladenmantel 81

Kokosbällchen 83

Kirschen im Schokoladenmantel 85

Ingwer-Ananas 86

Kandierte Aprikosen 87

Türkische Feigen im Schokoladenmantel 87

Schoko-Obst-Chips 88

Schoko-Bananen am Stiel 89

Schoko-Papaya 89

Marokkanische Datteln

Ein weiteres Rezept, in dem unser Hang zum Mediterranen zutage tritt.

12 große Medjool-Datteln, vorsichtig entkernt und nach Möglichkeit im Ganzen
1 Portion geschmolzene und temperierte Schokoladenbasis (Seite XIII)

Füllung

35 g Mandeln, gehackt
1 TL Mandelöl
1 Prise Salz
1 TL Kardamom, gemahlen

Für die Füllung Mandeln mit Mandelöl, Salz und Kardamom vermengen. Beiseite stellen.

Die Datteln mit jeweils circa einem Esslöffel der Mandelmischung füllen. Zahnstocher oder Bambusstäbchen in die Datteln stechen und die Datteln in die geschmolzene Schokolade dippen. Anschließend zum Aushärten auf ein Stück Wachspapier legen und in den Kühlschrank stellen. Wenn Sie nicht möchten, dass die Datteln in einer „Pfütze" aus Schokolade liegen, können Sie alternativ die Zahnstocher bzw. Stäbchen mit den Datteln in ein Stück Styropor stechen und die Schokolade so abtropfen und trocknen lassen. Oder Sie trocknen sie auf einem Kuchengitter (ein Backblech darunter stellen).

12 Stück

Früchte

Erdbeeren im Schokoladenmantel

Der Klassiker schlechthin.

24 große Erdbeeren, gewaschen und gut getrocknet
1 Portion geschmolzene und temperierte Schokoladenbasis (Seite XIII)

Zahnstocher oder Bambusstäbchen in die Erdbeeren stechen und diese in die geschmolzene Schokolade dippen. Anschließend zum Aushärten auf ein Stück Wachspapier legen und in den Kühlschrank stellen. Wenn Sie nicht möchten, dass die Erdbeeren in einer „Pfütze" aus Schokolade liegen, können Sie alternativ die Zahnstocher bzw. Stäbchen mit den Erdbeeren in ein Stück Styropor stechen und die Schokolade so abtropfen und trocknen lassen. Oder Sie trocknen sie auf einem Kuchengitter (ein Backblech darunter stellen).

24 Stück

Kokosbällchen

Diese Bällchen ähneln Kokosmakronen, sind aber durch die Kakaobutter etwas reichhaltiger. Sie bleiben lange saftig und lecker; ich mag sie am liebsten gekühlt.

285 g Kokosnussflocken

130 g Kakaopulver

35 g Kakaonibs

75 g Kokosblütenzucker, in einer Gewürzmühle fein gemahlen

60 ml flüssiges Süßungsmittel

1 EL Vanilleextrakt

35 g Kakaobutter, geschmolzen

Alle Zutaten in einer großen Schüssel gut vermischen. Mit einem Esslöffel oder kleinen Eislöffel rundliche Stücke aus dem Teig stechen und auf ein sauberes Backblech setzen. Im Kühlschrank aushärten lassen.

Circa 24 Stück

Früchte

Kirschen im Schokoladenmantel

Für dieses Rezept ist jede beliebige süße Kirschsorte geeignet. Wenn Sie eher herbe Kirschen verwenden, erzielen Sie mit einer deutlich süßeren Schokoladenbasis möglicherweise bessere Ergebnisse.

35 Kirschen, gewaschen und gut getrocknet

1 Portion geschmolzene und temperierte Schokoladenbasis (Seite XIII)

Die Kirschen mithilfe der Stiele in die geschmolzene Schokolade dippen. Anschließend zum Aushärten auf ein Stück Wachspapier setzen und in den Kühlschrank stellen. Oder Sie trocknen sie auf einem Kuchengitter (ein Backblech darunter stellen).

35 Stück

Früchte

Ingwer-Ananas

Die Technik, die wir hier zum Marinieren und Trocknen der Ananas verwenden, ist genauso gut auf andere tropische Früchte anwendbar.

12 Ananasscheiben, 6 mm dünn
60 ml Zitronensaft
60 ml Ingwersaft
1 EL frischer Ingwer, gerieben
35 g Kokosblütenzucker, in einer Gewürzmühle fein gemahlen
1 Portion geschmolzene und temperierte Schokoladenbasis (Seite XIII)

Vor dem Trocknen die Ananas für etwa 5 Minuten im Zitronen- und Ingwersaft marinieren. So geben Sie den Ananasscheiben einen Hauch von Ingwer und vermeiden, dass die Scheiben beim Trocknen dunkel werden.

Die marinierten Scheiben trocken tupfen. In geriebenem Ingwer und Kokosblütenzucker wenden. Flach in Ihr Dörrgerät legen und für 10 bis 16 Stunden bei 47 °Celsius trocknen lassen, bis die Ananas ledrig, aber nicht klebrig ist.

Anschließend die getrockneten Ananasscheiben etwa bis zur Hälfte in die geschmolzene Schokolade dippen. Zum Aushärten auf ein Stück Wachspapier legen und in den Kühlschrank stellen. Wenn die Schokolade fest ist, können die Ananasscheiben bei Zimmertemperatur gelagert werden.

12 Stück

Früchte

Kandierte Aprikosen

Diese leckeren Aprikosensnacks ähneln den kandierten Früchten, die es in Frankreich in jedem Gourmet-Süßwarengeschäft zu kaufen gibt.

- 12 frische Aprikosen, entsteint und geviertelt
- 60 ml Honig*
- 60 ml Wasser
- 1 EL Vanilleextrakt
- 1 Prise Salz
- 1 Portion geschmolzene und temperierte Schokoladenbasis (Seite XIII)

Die Aprikosen mit Honig, Wasser, Vanille und Salz vermengen. Bei 47 °Celsius für 24 Stunden im Dörrgerät trocknen, bis die Aprikosen zäh und kandiert sind. Die kandierten Aprikosen mit geschmolzener Schokolade beträufeln und im Kühlschrank aushärten lassen.

* Für eine vegane Variante die gleiche Menge Agavendicksaft nehmen.

48 Stück

Türkische Feigen im Schokoladenmantel

Frische, reife Feigen sind so umwerfend lecker, dass sie eigentlich nichts weiter brauchen. Doch die Schokolade verleiht ihnen Struktur, geschmackliche Komplexität und ein kleines bisschen Eleganz.

- 24 große türkische Feigen*
- 1 Portion geschmolzene und temperierte Schokoladenbasis (Seite XIII)

Zahnstocher oder Bambusstäbchen in die Feigen stechen und diese in die geschmolzene Schokolade dippen. Anschließend zum Aushärten auf ein Stück Wachspapier legen und in den Kühlschrank stellen. Wenn Sie nicht möchten, dass die Feigen in einer „Pfütze" aus Schokolade liegen, können Sie alternativ die Zahnstocher bzw. Stäbchen mit den Feigen in ein Stück Styropor stechen und die Schokolade so abtropfen und trocknen lassen. Oder Sie trocknen sie auf einem Kuchengitter (ein Backblech darunter stellen).

*Sie können sowohl getrocknete als auch frische Feigen verwenden – mit völlig unterschiedlichen Resultaten!

24 Stück

Früchte

Schoko-Obst-Chips

Am liebsten mag ich Bananen-Chips, aber Sie können in diesem Rezept die verschiedensten Früchte verwenden. Probieren Sie zum Beispiel Äpfel, Birnen oder Erdbeeren; sie sind am besten geeignet, da sie beim Trocknen sehr knusprig werden. Je höher der Zuckergehalt der Frucht, desto länger dauert das Trocknen und die Chips werden weniger knusprig.

4 Handvoll Obst Ihrer Wahl, in 6 mm dünnen Scheiben
125 ml Zitronensaft
1 Portion geschmolzene und temperierte Schokoladenbasis (Seite XIII)

Die Obstscheiben für circa 5 Minuten im Zitronensaft marinieren. So vermeiden Sie, dass die Scheiben beim Trocknen dunkel werden. Das marinierte Obst trocken tupfen. Flach in das Dörrgerät legen und bei 47 °Celsius 10 bis 16 Stunden trocknen, bis die Chips schön knusprig sind.

Die Obst-Chips etwa bis zur Hälfte in geschmolzene Schokolade dippen. Zum Aushärten auf ein Stück Wachspapier legen und in den Kühlschrank stellen. Wenn die Schokolade fest ist, können die Obst-Chips bei Zimmertemperatur gelagert werden.

Früchte

Schoko-Bananen am Stiel

Schnell, einfach und ein Hit bei Kindern!

1 Portion geschmolzene und temperierte Schokoladenbasis (Seite XIII)
6 mittelgroße Bananen, geschält
6 Eisstiele
150-200 g gehackte Nüsse Ihrer Wahl oder 130 g Kakaonibs (optional)

Die Bananen von einer Seite auf Eisstiele spießen, dann gefrieren.

Zum Dippen die Bananen aus dem Tiefkühlfach nehmen. Nach dem Dippen wird die Schokolade sehr schnell fest, daher müssen Sie rasch arbeiten. Am besten geben Sie die Schokolade in eine breite Schüssel oder Backform, damit Sie die Bananen schnell nacheinander mit Schokolade bedecken können. Die Bananen in der Schokolade wenden, dann nach Belieben mit Nüssen oder Kakaonibs bestreuen. Im Tiefkühlfach lagern.

6 Schoko-Bananen am Stiel

Schoko-Papaya

So manches Rezept entwickelt sich aus einem Not-Snack heraus, wenn sonst nicht viel zu essen im Haus ist – zum Beispiel dieses hier.

12 ungeschwefelte getrocknete Papayastreifen
1 Portion geschmolzene und temperierte Schokoladenbasis (Seite XIII)

Papaya etwa bis zur Hälfte in die Schokolade dippen. Zum Aushärten auf ein Stück Wachspapier legen und in den Kühlschrank stellen. Wenn die Schokolade fest ist, können die Streifen bei Zimmertemperatur gelagert werden.

12 Stück

Le Goûter

Wenn es anstelle der traditionellen Fast-Food-Häppchen in Flughäfen, Bahnhöfen und Stadien nur diese Snacks gäbe, ginge es uns um Welten besser. Schokolade ist zwar in erster Linie als die weltbeste Süßigkeit bekannt, sie ist aber zufällig auch sehr gut darin, eine gesunde Ernährung zu ergänzen. In diesem Kapitel finden Sie einige unserer Lieblingssnacks, in denen Schokolade zwar nicht die Hauptrolle spielt, aber diese Rezepte durchaus bereichert.

Kakao-Knusper-Buchweizen 93

Pekannüsse im Schokoladenmantel 95

Superfood-Knusper-Mix 97

Macadamia-Knusperkrokant 99

Chunky Monkey Granola 100

Kandierte Mandel-Crossies 101

Ingwer-Kakao-Cashews 101

Kakao-Energiehäppchen 102

Kakao-Knusper-Mix 103

Süß & Salzig 103

Kakao-Knusper-Buchweizen

Der Buchweizen sollte für dieses Rezept sehr gut gewaschen und abgespült werden – sonst ist Ihr Snack am Ende möglicherweise leicht staubig.

350 g Buchweizen, mindestens 1 Stunde eingeweicht
75 g Kokosblütenzucker, in einer Gewürzmühle fein gemahlen
60 ml Wasser
1 EL Vanilleextrakt
60 g Kakaonibs
2 TL Salz

Buchweizen abspülen und abtropfen lassen. Zusammen mit allen übrigen Zutaten in eine Küchenmaschine geben und pürieren, bis eine homogene, aber noch leicht stückige Masse entsteht. Die Dörrgerätetagen mit Dörrfolien auslegen und die pürierte Masse 3 mm dünn darauf verstreichen. Bei 47 °Celsius für 8 bis 12 Stunden trocknen, bis sich die Oberfläche trocken anfühlt und sich die Masse einfach von den Folien ablösen lässt. Die Stücke wenden und noch einmal für mindestens 2 Stunden trocknen, bis die Masse vollkommen trocken ist. In Stücke brechen und in einem luftdichten Behälter lagern.

4 bis 6 Portionen

Le Goûter

Pekannüsse im Schokoladenmantel

Keine andere Nuss hat ein so buttriges Aroma wie Pekannüsse. So wird aus diesem schlichten Snack eine dekadente Leckerei.

1 Portion geschmolzene und temperierte Schokoladenbasis (Seite XIII)

240 g Pekannusshälften

Die Pekannusshälften zur Hälfte in die geschmolzene Schokolade dippen. Auf ein mit Wachspapier ausgelegtes Blech legen und zum Aushärten in den Kühlschrank stellen.

Circa 220 g

Superfood-Knusper-Mix

Ein Popkultur-Medley der beliebtesten Rockstar-Superfoods.

175 g Kakaobohnen
140 g Pistazien
25 g ganze Cashewkerne
55 g Gojibeeren
80 g getrocknete Physalis
40 g Kokosnussflocken
1 TL Himalayasalz

Alle Zutaten vermischen.

Circa 550 g

Le Goûter

Macadamia-Knusperkrokant

Wir sind große Fans von Rauchsalz. Es hat nicht nur ein unglaublich leckeres Aroma, sondern verleiht Rezepten eine waldige, erdige Tiefe.

215 g Macadamianüsse, gehackt

1 EL Rauchsalz

1 Portion geschmolzene und temperierte Schokoladenbasis (Seite XIII)

Macadamianüsse und Salz in die geschmolzene Schokolade einrühren. Ein Backblech mit Wachspapier auslegen und die Schokoladenmischung gleichmäßig darauf verstreichen. Im Kühlschrank für mindestens 10 Minuten aushärten lassen (oder bis die Schokolade fest ist).

Zum Servieren in beliebig große Stücke brechen.

Circa 1 kg

Le Goûter

Chunky Monkey Granola

Granola ist eigentlich ein gebackenes Müsli, doch es geht auch roh – und macht sich super als Rohkostsnack für zwischendurch, zum Frühstück mit Mandelmilch oder als Streusel auf Eis.

2 reife Bananen
100 g Datteln, entkernt
60 ml Wasser
35 g Kakaopulver
1 EL Vanilleextrakt
2 TL Zimt, gemahlen
½ TL Muskat, gemahlen
2 TL Salz
175 g Buchweizen, mindestens 1 Stunde eingeweicht und abgetropft
125 g Mandeln, grob gehackt
125 g Macadamianüsse, grob gehackt
125 g Pekannüsse, grob gehackt
35 g Kakaonibs
135 g Kokosnussflocken

Bananen, Datteln, Wasser, Kakaopulver, Vanille, Gewürze und Salz zu einer völlig glatten Bananenpaste pürieren. In einer Schüssel die restlichen Zutaten unter die Bananenpaste heben. Dann auf die Einlagen Ihres Dörrgeräts verstreichen und bei 47 °Celsius für circa 24 Stunden trocknen, bis die Mischung knusprig ist.

In beliebig große Stücke brechen.

Circa 900 g

Le Goûter

Kandierte Mandel-Crossies

Für diese Crossies verwenden wir am liebsten Mandeln, aber Pekannüsse, Paranüsse und Walnüsse sind auch lecker.

640 g Mandeln, eingeweicht, abgespült und abgetropft
75 g Kokosblütenzucker, in einer Gewürzmühle fein gemahlen
60 g Kakaopulver
1 EL Vanilleextrakt
2 TL Meersalz

Die Mandeln gut abtropfen, dann mit den restlichen Zutaten in eine große Schüssel geben und alles gut vermengen. Die Mandeln auf den Einlagen Ihres Dörrgeräts ausbreiten und bei 47 °Celsius für 6 bis 8 Stunden trocknen, bis sie schön knusprig sind.

Circa 800 g

Ingwer-Kakao-Cashews

Diese Cashews machen sich auch super in herzhaften Gerichten, zum Beispiel einem Rucolasalat mit Zitrone.

500 g ganze Cashewkerne, eingeweicht, abgespült und abgetropft
75 g Kokosblütenzucker, in einer Gewürzmühle fein gemahlen
60 g Kakaopulver
2 EL frischer Ingwer, gerieben
1 EL Vanilleextrakt
2 TL Meersalz

Die Cashewkerne gut abtropfen, dann mit den restlichen Zutaten in eine große Schüssel geben und alles gut vermengen. Anschließend auf den Einlagen Ihres Dörrgeräts ausbreiten und bei 47 °Celsius für 6 bis 8 Stunden trocknen, bis sie schön knusprig sind.

Circa 650 g

Kakao-Energiehäppchen

Diese Rohkostalternative zu Müsliriegeln ist ideal für unterwegs.

450 g Mandeln, in der Küchenmaschine zu einem feinen Pulver verarbeitet

220 g Sonnenblumenkerne

220 g Kürbiskerne

135 g Hanfsamen

100 g gelbe Leinsamen, 2 Stunden eingeweicht, dann abgetropft

60 g Kakaonibs

120-150 g getrocknete Beeren (zum Beispiel Physalis, Gojibeeren oder Maulbeeren)

310 ml flüssiges Süßungsmittel

30 g Maca-Pulver

2 EL Spirulina

1 EL Vanilleextrakt

2 TL Salz

Alle Zutaten in einer großen Schüssel gut vermengen. Gleichmäßig auf einer mit Dörrfolie ausgelegten Einlage Ihres Dörrgeräts ausbreiten. Bei 47 °Celsius für 10 bis 12 Stunden trocknen lassen. Die Energiehäppchen sollten trocken, aber noch relativ weich sein. Zum Schluss in 5 Zentimeter große quadratische Stücke schneiden.

Circa 50 Stück

Le Goûter

Kakao-Knusper-Mix

Einige Leute finden ganze Kakaobohnen etwas zu intensiv im Geschmack. Wenn Sie möchten, können Sie sie für dieses Rezept auch zerkleinern oder einfach weniger verwenden.

145 g Kakaobohnen
35 g Kakaonibs
65 g Mandeln
50 g Walnüsse
40 g Kokosnussflocken
1 Esslöffel Kokosnussöl
1 Esslöffel Kakaopulver
1 Esslöffel geriebene Orangenschale
Prise Salz

Alle Zutaten in einer großen Rührschüssel vermengen.

Circa 365 g

Süß & Salzig

Die plumpen, goldfarbenen Sultaninen sind hier am allerbesten geeignet, falls sie bei Ihnen zu haben sind!

135 g Datteln, entkernt und fein gehackt
40 g Sultaninen
60 g Kakaonibs
70 g Kürbiskerne
70 g Sonnenblumenkerne
2 Esslöffel Olivenöl
2 Teelöffel grobes Salz

Alle Zutaten in einer großen Rührschüssel gut vermengen.

Circa 400 g

Smoothies und Drinks

Smoothies sind immer noch die erste Wahl, wenn es um schnell verfügbare Nährstoff-Boosts geht. Heutzutage gibt es so viele hochwertige Kakaoprodukte auf dem Markt, dass es mehr Möglichkeiten denn je gibt, Schokolade in Ihren Getränken unterzubringen. Und da es sich in diesem Buch in erster Linie um Schokolade und damit um Dekadenz dreht, können viele dieser Smoothies nicht nur als leckeres Frühstück, sondern auch als Dessert herhalten.

Mitternachts-Schokolade 107

Amaretto-Buttercup 109

Heiße Schokolade 111

Frappuccino 113

Mint-Chocolate-Chip 113

Ahorn-Schokomilch 115

Xocolat 115

Banana-Split 116

Tropische Kokosnuss mit Kakaosplittern 117

Maca-Malz-Milchshake 117

Smoothies und Drinks

Mitternachts-Schokolade

Wir lieben grüne Smoothies! Anstelle des Spirulinapulvers können Sie in diesem Rezept auch wunderbar frischen, hochwertigen Grünkohl oder Spinat verwenden. Für ein richtig grünes Getränk nehmen Sie einfach beides!

200 g Blaubeeren, gefroren
65 g frisches junges Kokosnussfleisch
310 ml Kokoswasser
1 EL Kakaobutter
35 g Kakaopulver
35 g Kakaonibs
1 EL flüssiges Süßungsmittel
1 TL Vanilleextrakt
1 EL Spirulina (optional)
1 Prise Meersalz

Alle Zutaten in einem Hochleistungsmixer glatt pürieren.

1 bis 2 Portionen

Amaretto-Buttercup

Nicht jeder kann sich in pürierten Getränken mit dem krümeligen Mundgefühl von Kakaonibs anfreunden. Wir haben unsere Smoothies gern mit etwas Biss, aber wenn Ihnen cremige Getränke lieber sind, verwenden Sie einfach Kakaopulver anstelle der Nibs.

200 g Kirschen, gefroren
2 EL Mandelmus
310 ml Mandelmilch
1 EL Kokosnussbutter
35 g Kakaonibs
1 EL flüssiges Süßungsmittel (oder 1 große Dattel)
1 TL Vanilleextrakt
½ TL Amarettoextrakt (optional)
1 Prise Meersalz

Alle Zutaten in einem Hochleistungsmixer glatt pürieren.

1 bis 2 Portionen

Heiße Schokolade

Heißgetränke und Rohkost vertragen sich normalerweise nicht, aber dieser Kakao wird durch das Mixen überraschend warm. Superlecker an kalten Tagen!

500 ml warmes Wasser
4 EL flüssiges Süßungsmittel
35 g Kakaopulver
1 ½ EL Kokosnussbutter
1 TL Vanilleextrakt
1 Prise Salz
25 g Hanfsamen (optional)

Alle Zutaten circa 1 Minute lang pürieren, bis der Kakao glatt und warm ist. Hanfsamen machen diese heiße Schokolade richtig cremig und verpassen ihr einen Nährstoff-Boost.

2 bis 4 Portionen

Smoothies und Drinks

Frappuccino

Dieser Frappuccino hat garantiert mehr Nährstoffe, ganz zu schweigen von Geschmack und Energiegehalt, als die herkömmliche Starbucks-Version.

200 g frisches junges Kokosnussfleisch
4-5 Eiswürfel
310 ml Kaffee, am besten kalt gebrüht
1 EL Kakaobutter, geschmolzen
1 EL Kokosnussbutter
60 g Kakaopulver
2 EL flüssiges Süßungsmittel
1 TL Vanilleextrakt
1 Prise Meersalz

Alle Zutaten in einem Hochleistungsmixer glatt pürieren.

1 bis 2 Portionen

Mint-Chocolate-Chip

Gefrorene Bananen sind unheimlich nützlich. Verwenden Sie sie in Smoothies, Desserts oder verarbeiten Sie sie zu einem schlichten Bananeneis (in vielen Entsaftern lässt sich mit der flachen Seite der Klinge nach außen auch Eis herstellen). Lassen Sie die Bananen sehr reif werden; dann schälen, klein schneiden und in Gefrierbeuteln einfrieren.

200 g Bananenstücke, gefroren
65 g frisches junges Kokosnussfleisch
310 ml Kokoswasser
1 EL Kakaobutter
1 TL Vanilleextrakt
1 TL Pfefferminzextrakt
1 EL flüssiges Süßungsmittel
4-5 frische Minzblätter
1 EL Spirulina (optional)
1 Prise Meersalz

Alle Zutaten in einem Hochleistungsmixer glatt pürieren.

1 bis 2 Portionen

Ahorn-Schokomilch

Schokomilch wird durch die Zugabe von Ahornsirup noch aromatischer und reichhaltiger.

500 ml Mandelmilch (oder beliebige Nussmilch)
4 EL Ahornsirup
35 g Kakaopulver

1 ½ EL Kokosnussbutter
1 TL Vanilleextrakt
1 Prise Salz

Garnierung

Ahornzucker
Kakaopulver

Alle Zutaten glatt pürieren. Diese Schokomilch schmeckt kalt oder warm. Mit Ahornzucker und Kakaopulver garnieren.

2 bis 4 Portionen

Xocolat

Dieses Getränk hat so viele gute Seiten – wenn Sie auf der einsamen Insel nichts als diesen Smoothie hätten, wären Sie ohne Probleme für ein paar Tage versorgt.

170 g Ananasstücke, gefroren
65 g frisches junges Kokosnussfleisch
310 ml Kokoswasser
1 EL Kakaobutter
35 g Kakaopulver

1 Birds-Eye-Chili (Thai-Chili), entkernt
1 Stück frischer Ingwer (2,5 cm)
1 TL Vanilleextrakt
¼ TL Zimt, gemahlen
¼ TL Cayennepfeffer
1 Prise Meersalz

Alle Zutaten in einem Hochleistungsmixer glatt pürieren.

1 bis 2 Portionen

Banana-Split

Um dieses Rezept ganz genau zu befolgen, müssen Sie zugegebenermaßen etwas Zeit und Arbeit investieren, aber Sie – und vor allen Dingen Ihre Kinder – werden es lieben!

Smoothie-Basis

200 g Bananenstücke, gefroren
65 g frisches junges Kokosnussfleisch
310 ml Kokoswasser
1 EL Kakaobutter
1 EL flüssiges Süßungsmittel
1 Prise Meersalz
2 EL Kakaowirbel (siehe unten)

Kakaowirbel

190 g Kakaonibs
310 ml flüssiges Süßungsmittel
75 g Kokosnussöl
2 EL gehackte Pekannüsse im Schokoladenmantel (Seite 95)

Alle Zutaten für den Kakaowirbel in einem Hochleistungsmixer glatt pürieren.

Alle Zutaten für die Smoothie-Basis in einem Hochleistungsmixer glatt pürieren. Den Kakaowirbel und die gehackten Pekannüsse einrühren.

1 bis 2 Portionen

Smoothies und Drinks

Tropische Kokosnuss mit Kakaosplittern

Ihnen ist vielleicht schon aufgefallen, dass wir nur selten Eiswürfel in unseren Smoothies verwenden. Geschmacksintensität ist uns unheimlich wichtig – Eis wirkt zwar kühlend, verwässert aber den Geschmack. Daher verwenden wir in unseren Rezepten lieber gefrorenes Obst anstelle von Eiswürfeln, da es beim Pürieren außerdem ein wunderbar cremiges Mundgefühl erzeugt.

150 g Ananasstücke, gefroren
30 g frisches junges Kokosnussfleisch
40 g Kokosflocken (oder reifes Kokosnussfleisch)
310 ml Kokoswasser

1 EL Kokosnussbutter
1 EL flüssiges Süßungsmittel
1 TL Vanilleextrakt
1 Prise Meersalz
35 g Kakaonibs

Alle Zutaten außer den Kakaonibs in einem Hochleistungsmixer glatt pürieren. Anschließend die Kakaonibs hinzugeben und kurz pürieren, bis sie gut untergemischt, aber noch stückig sind.

1 bis 2 Portionen

Maca-Malz-Milchshake

Maca, die Wunderwurzel aus Peru, ist für ihre Energie spendenden Eigenschaften bekannt. Geschmacklich hat sie eine interessante erdige Note, die in Kombination mit süßen Zutaten, und insbesondere mit Schokolade, einen völlig natürlichen Malzeffekt erzeugt.

200 g Bananenstücke, gefroren
65 g frisches junges Kokosnussfleisch
310 ml Kokoswasser
1 EL Kakaobutter

35 g Kakaopulver
2 EL Maca-Pulver
1 EL flüssiges Süßungsmittel
1 TL Vanilleextrakt
1 Prise Meersalz

Alle Zutaten in einem Hochleistungsmixer glatt pürieren.

1 bis 2 Portionen

Buttercups

Wir alle lieben kleine Dinge in hübschen Verpackungen, insbesondere, wenn die Verpackung selbst aus Schokolade ist! Die Faszination der Amerikaner für Erdnuss-Buttercups ist leicht nachzuvollziehen, wobei die Hersteller herkömmlicher Marken mit qualitativ hochwertigeren Zutaten deutlich besser fahren würden. Die Rezepte, die Sie in diesem Kapitel finden, bedienen sich sehr frei des ursprünglichen Konzepts, bleiben der Natur von Buttercups aber treu. Sie sind hübsch anzusehen und machen Spaß. Das Konzept war schon immer fantastisch – wir haben uns nur, was die Geschmacksrichtungen angeht, ein paar Freiheiten erlaubt.

Cookies and Cream 121

Blaubeer-Bonheur 123

Tiramisu 125

Schwarzwälder 127

Blutorange 128

Erdbeere 129

Zitrone 130

Deutsche Schokolade 131

Kokostraum 132

Schokoladen-Soufflé 133

Cookies and Cream

Für bekehrte Junkfood-Liebhaber! Stellen Sie sich dieses Rezept als Erdnuss-Buttercup mit einer Füllung aus gefrorenem Oreo-Keks-Eis vor. Sie verstehen schon!

1 Portion geschmolzene und temperierte Schokoladenbasis (Seite XIII)

Füllung

200 g Cashewkerne
125 ml flüssiges Süßungsmittel
125 ml Wasser
65 g frisches junges Kokosnussfleisch
55 g Kokosnussöl, geschmolzen
90 g Kokosnussbutter
1 EL Vanilleextrakt
1 Prise Salz
60 g Kakaonibs

Zubereitung der Füllung

Alle Zutaten außer den Kakaonibs glatt pürieren. Dann die Kakaonibs unterrühren.

Befüllen

Ein Muffinblech mit Papierförmchen auslegen. Sie können ein gewöhnliches Muffinblech mit 12 Förmchen oder ein Blech für 24 Mini-Muffins verwenden. Diese Buttercups sind sehr reichhaltig und schwer im Geschmack; die kleineren Förmchen sind also vorzuziehen.

Die Förmchen werden in drei Schritten befüllt. Jede Schicht muss aushärten, bevor Sie die nächste Schicht einfüllen. Die Förmchen zunächst zu einem Viertel mit geschmolzener Schokolade füllen und zum Aushärten in den Kühlschrank stellen. Wenn die erste Schokoladenschicht fest ist, die Füllung zu circa zwei Dritteln einfüllen. Das Blech für circa 1 Stunde ins Tiefkühlfach stellen, bis die Füllung fest ist. Dann die übrige Schokolade einfüllen. Vor dem Servieren noch einmal für mindestens 30 Minuten in den Kühlschrank oder ins Tiefkühlfach stellen.

24 Mini- oder 12 große Buttercups

Blaubeer-Bonheur

Wir verfassen und produzieren alle unsere Bücher an der Küste Maines, dem besten Ort der Welt für wilde Blaubeeren. Daher spielen diese leckeren Beeren in allem, was wir schreiben und kochen, eine Rolle.

1 Portion geschmolzene und temperierte Schokoladenbasis (Seite XIII)

Füllung

200 g Cashewkerne
125 ml flüssiges Süßungsmittel
125 ml Wasser
65 g frisches junges Kokosnussfleisch
55 g Kokosnussöl, geschmolzen
90 g Kokosnussbutter
40 g gefrorene Blaubeeren
1 EL Maqui-Pulver (optional, für einen intensiveren Farbton)
1 EL Vanilleextrakt
1 Prise Salz

Zubereitung der Füllung

Alle Zutaten glatt pürieren.

Befüllen

Ein Muffinblech mit Papierförmchen auslegen. Sie können ein gewöhnliches Muffinblech mit 12 Förmchen oder ein Blech für 24 Mini-Muffins verwenden. Diese Buttercups sind sehr reichhaltig und schwer im Geschmack; die kleineren Förmchen sind also vorzuziehen.

Die Förmchen werden in drei Schritten befüllt. Jede Schicht muss aushärten, bevor Sie die nächste Schicht einfüllen. Die Förmchen zunächst zu einem Viertel mit geschmolzener Schokolade füllen und zum Aushärten in den Kühlschrank stellen. Wenn die erste Schokoladenschicht fest ist, die Füllung zu circa zwei Dritteln einfüllen. Das Blech für circa 1 Stunde ins Tiefkühlfach stellen, bis die Füllung fest ist. Dann die übrige Schokolade einfüllen. Vor dem Servieren noch einmal für mindestens 30 Minuten in den Kühlschrank oder ins Tiefkühlfach stellen.

24 Mini- oder 12 große Buttercups

Tiramisu

Ich erinnere mich noch an meinen ersten Arbeitstag in einer professionellen Küche (eines zufälligerweise sizilianischen Restaurants). Ich arbeitete direkt neben dem Dessertkühlschrank, wo Beth, die Konditorin, ihr köstliches Tiramisu aufbewahrte. Seitdem gehört es zu meinen absoluten Lieblingsspeisen.

1 Portion geschmolzene und temperierte Schokoladenbasis (Seite XIII)

Füllung

200 g Cashewkerne
125 ml flüssiges Süßungsmittel
125 ml kalt gebrühter Kaffee
65 g frisches junges Kokosnussfleisch
55 g Kokosnussöl, geschmolzen
90 g Kokosnussbutter
1 EL Kaffeebohnen, fein gemahlen
1 EL Vanilleextrakt
1 Prise Salz

Zubereitung der Füllung

Alle Zutaten glatt pürieren.

Befüllen

Ein Muffinblech mit Papierförmchen auslegen. Sie können ein gewöhnliches Muffinblech mit 12 Förmchen oder ein Blech für 24 Mini-Muffins verwenden. Diese Buttercups sind sehr reichhaltig und schwer im Geschmack; die kleineren Förmchen sind also vorzuziehen.

Die Förmchen werden in drei Schritten befüllt. Jede Schicht muss aushärten, bevor Sie die nächste Schicht einfüllen. Die Förmchen zunächst zu einem Viertel mit geschmolzener Schokolade füllen und zum Aushärten in den Kühlschrank stellen. Wenn die erste Schokoladenschicht fest ist, die Füllung zu circa zwei Dritteln einfüllen. Das Blech für circa 1 Stunde ins Tiefkühlfach stellen, bis die Füllung fest ist. Dann die übrige Schokolade einfüllen. Vor dem Servieren noch einmal für mindestens 30 Minuten in den Kühlschrank oder ins Tiefkühlfach stellen.

24 Mini- oder 12 große Buttercups

Schwarzwälder

Die Schwarzwälder Kirschtorte wurde ursprünglich nach einem Kirschlikör benannt, der aus dem Schwarzwald kommt. Verwenden Sie den Likör, wenn Sie möchten, aber die Kirschen und die Schokolade allein haben es schon ganz schön in sich.

1 Portion geschmolzene und temperierte Schokoladenbasis (Seite XIII)

Füllung

130 g Cashewkerne
200 g Mandelmus
125 ml flüssiges Süßungsmittel
125 ml Wasser
65 g Kirschen, gefroren
2 EL Kirschwasser (optional)
65 g frische junge Kokosnuss

55 g Kokosnussöl, geschmolzen
90 g Kokosnussbutter
1 EL Vanilleextrakt
1 EL Rote-Bete-Saft (optional für einen intensiveren Farbton)
1 TL Amarettoextrakt
1 Prise Salz

Zubereitung der Füllung

Alle Zutaten glatt pürieren.

Befüllen

Ein Muffinblech mit Papierförmchen auslegen. Sie können ein gewöhnliches Muffinblech mit 12 Förmchen oder ein Blech für 24 Mini-Muffins verwenden. Diese Buttercups sind sehr reichhaltig und schwer im Geschmack; die kleineren Förmchen sind also vorzuziehen.

Die Förmchen werden in drei Schritten befüllt. Jede Schicht muss aushärten, bevor Sie die nächste Schicht einfüllen. Die Förmchen zunächst zu einem Viertel mit geschmolzener Schokolade füllen und zum Aushärten in den Kühlschrank stellen. Wenn die erste Schokoladenschicht fest ist, die Füllung zu circa zwei Dritteln einfüllen. Das Blech für circa 1 Stunde ins Tiefkühlfach stellen, bis die Füllung fest ist. Dann die übrige Schokolade einfüllen. Vor dem Servieren noch einmal für mindestens 30 Minuten in den Kühlschrank oder ins Tiefkühlfach stellen.

24 Mini- oder 12 große Buttercups

Blutorange

Da Blutorangen nur saisonal zu haben sind, können Sie hier alternativ auch gewöhnliche Orangen (beliebige Sorte) verwenden.

1 Portion geschmolzene und temperierte Schokoladenbasis (Seite XIII)

Füllung

200 g Cashewkerne

125 ml flüssiges Süßungsmittel

125 ml frisch gepresster Blutorangensaft*

65 g frisches junges Kokosnussfleisch

50 g Blutorangenfleisch** (Kerne und weiße Haut entfernen)

55 g Kokosnussöl, geschmolzen

90 g Kokosnussbutter

1 EL Vanilleextrakt

1 Prise Salz

* Verwenden Sie gewöhnlichen Orangensaft, wenn Blutorangen keine Saison haben.

** Alternativ Fleisch von gewöhnlichen Orangen.

Zubereitung der Füllung

Alle Zutaten glatt pürieren.

Befüllen

Ein Muffinblech mit Papierförmchen auslegen. Sie können ein gewöhnliches Muffinblech mit 12 Förmchen oder ein Blech für 24 Mini-Muffins verwenden. Diese Buttercups sind sehr reichhaltig und schwer im Geschmack; die kleineren Förmchen sind also vorzuziehen.

Die Förmchen werden in drei Schritten befüllt. Jede Schicht muss aushärten, bevor Sie die nächste Schicht einfüllen. Die Förmchen zunächst zu einem Viertel mit geschmolzener Schokolade füllen und zum Aushärten in den Kühlschrank stellen. Wenn die erste Schokoladenschicht fest ist, die Füllung zu circa zwei Dritteln einfüllen. Das Blech für circa 1 Stunde ins Tiefkühlfach stellen, bis die Füllung fest ist. Dann die übrige Schokolade einfüllen. Vor dem Servieren noch einmal für mindestens 30 Minuten in den Kühlschrank oder ins Tiefkühlfach stellen.

24 Mini- oder 12 große Buttercups

Erdbeere

Die hier beschriebene Methode lässt sich ebenso auf jede beliebige andere Beerensorte (oder eine Kombination verschiedener Beeren) anwenden. Experimentieren Sie!

1 Portion geschmolzene und temperierte Schokoladenbasis (Seite XIII)

Füllung

- 200 g Cashewkerne
- 125 ml flüssiges Süßungsmittel
- 125 ml Wasser
- 50 g gefrorene Erdbeeren
- 65 g frisches junges Kokosnussfleisch
- 55 g Kokosnussöl, geschmolzen
- 90 g Kokosnussbutter
- 1 EL Vanilleextrakt
- 1 Prise Salz

Zubereitung der Füllung

Alle Zutaten glatt pürieren.

Befüllen

Ein Muffinblech mit Papierförmchen auslegen. Sie können ein gewöhnliches Muffinblech mit 12 Förmchen oder ein Blech für 24 Mini-Muffins verwenden. Diese Buttercups sind sehr reichhaltig und schwer im Geschmack; die kleineren Förmchen sind also vorzuziehen.

Die Förmchen werden in drei Schritten befüllt. Jede Schicht muss aushärten, bevor Sie die nächste Schicht einfüllen. Die Förmchen zunächst zu einem Viertel mit geschmolzener Schokolade füllen und zum Aushärten in den Kühlschrank stellen. Wenn die erste Schokoladenschicht fest ist, die Füllung zu circa zwei Dritteln einfüllen. Das Blech für circa 1 Stunde ins Tiefkühlfach stellen, bis die Füllung fest ist. Dann die übrige Schokolade einfüllen. Vor dem Servieren noch einmal für mindestens 30 Minuten in den Kühlschrank oder ins Tiefkühlfach stellen.

24 Mini- oder 12 große Buttercups

Buttercups

Zitrone

Wie bei vielen anderen Zitrusrezepten können Sie problemlos mit anderen Zitrusfrüchten experimentieren, zum Beispiel mit roten Grapefruits, Orangen oder sogar Limetten.

1 Portion geschmolzene und temperierte Schokoladenbasis (Seite XIII)

Füllung

200 g Cashewkerne
125 ml flüssiges Süßungsmittel
60 ml Wasser
60 ml frisch gepresster Zitronensaft
65 g junges Thai-Kokosnussfleisch
55 g Kokosnussöl, geschmolzen
90 g Kokosnussbutter
2 EL Zitronenschale
1 EL Vanilleextrakt
1 Prise Salz

Zubereitung der Füllung

Alle Zutaten glatt pürieren.

Befüllen

Ein Muffinblech mit Papierförmchen auslegen. Sie können ein gewöhnliches Muffinblech mit 12 Förmchen oder ein Blech für 24 Mini-Muffins verwenden. Diese Buttercups sind sehr reichhaltig und schwer im Geschmack; die kleineren Förmchen sind also vorzuziehen.

Die Förmchen werden in drei Schritten befüllt. Jede Schicht muss aushärten, bevor Sie die nächste Schicht einfüllen. Die Förmchen zunächst zu einem Viertel mit geschmolzener Schokolade füllen und zum Aushärten in den Kühlschrank stellen. Wenn die erste Schokoladenschicht fest ist, die Füllung zu circa zwei Dritteln einfüllen. Das Blech für circa 1 Stunde ins Tiefkühlfach stellen, bis die Füllung fest ist. Dann die übrige Schokolade einfüllen. Vor dem Servieren noch einmal für mindestens 30 Minuten in den Kühlschrank oder ins Tiefkühlfach stellen.

24 Mini- oder 12 große Buttercups

Deutsche Schokolade

Ich weiß noch, dass deutscher Schokoladenkuchen früher immer mein Lieblingsgeburtstagskuchen war. Wir hatten sogar ein Rohkostrezept dafür in unserem Buch *Everyday Raw Desserts*. Das Rezept enthielt jedoch gar keine Schokolade, sondern nur Kakaopulver, weshalb wir hier eine neue Variante für Sie haben. Deutsche Schokolade ist ein zeitloser Liebling und dieses Rezept ist eins meiner Lieblingsdesserts.

1 Portion geschmolzene und temperierte Schokoladenbasis (Seite XIII)

Füllung

130 g Cashewkerne
120 g Pekannussmus
180 ml flüssiges Süßungsmittel
60 ml Wasser
35 g Kakaopulver
65 g frische junge Kokosnuss

55 g Kokosnussöl, geschmolzen
90 g Kokosnussbutter
1 EL Vanilleextrakt
1 Prise Salz
25 g Kokosnussflocken
25 g Pekannüsse, gehackt

Zubereitung der Füllung

Alle Zutaten außer den Kokosnussflocken und gehackten Pekannüssen glatt pürieren. Anschließend die Kokosnussflocken und Pekannüsse einrühren.

Befüllen

Ein Muffinblech mit Papierförmchen auslegen. Sie können ein gewöhnliches Muffinblech mit 12 Förmchen oder ein Blech für 24 Mini-Muffins verwenden. Diese Buttercups sind sehr reichhaltig und schwer im Geschmack; die kleineren Förmchen sind also vorzuziehen.

Die Förmchen werden in drei Schritten befüllt. Jede Schicht muss aushärten, bevor Sie die nächste Schicht einfüllen. Die Förmchen zunächst zu einem Viertel mit geschmolzener Schokolade füllen und zum Aushärten in den Kühlschrank stellen. Wenn die erste Schokoladenschicht fest ist, die Füllung zu circa zwei Dritteln einfüllen. Das Blech für circa 1 Stunde ins Tiefkühlfach stellen, bis die Füllung fest ist. Dann die übrige Schokolade einfüllen. Vor dem Servieren noch einmal für mindestens 30 Minuten in den Kühlschrank oder ins Tiefkühlfach stellen.

24 Mini- oder 12 große Buttercups

Buttercups

Kokostraum

Mit Extrakten und, hin und wieder, ätherischen Ölen erhalten Gerichte eine wunderbare Geschmacksreinheit, insbesondere dann, wenn sie ansonsten eher eindimensional sind. Wenn solche Extrakte bei Ihnen erhältlich sind, dann können wir die Verwendung nur empfehlen.

1 Portion geschmolzene und temperierte Schokoladenbasis (Seite XIII)

Füllung

200 g Cashewkerne
125 ml flüssiges Süßungsmittel
125 ml Wasser
90 g frische junge Kokosnuss
55 g Kokosnussöl, geschmolzen

90 g Kokosnussbutter
1 EL Vanilleextrakt
1 TL biologisches Kokosnussextrakt (optional)
1 Prise Salz

Zubereitung der Füllung

Alle Zutaten glatt pürieren.

Befüllen

Ein Muffinblech mit Papierförmchen auslegen. Sie können ein gewöhnliches Muffinblech mit 12 Förmchen oder ein Blech für 24 Mini-Muffins verwenden. Diese Buttercups sind sehr reichhaltig und schwer im Geschmack; die kleineren Förmchen sind also vorzuziehen.

Die Förmchen werden in drei Schritten befüllt. Jede Schicht muss aushärten, bevor Sie die nächste Schicht einfüllen. Die Förmchen zunächst zu einem Viertel mit geschmolzener Schokolade füllen und zum Aushärten in den Kühlschrank stellen. Wenn die erste Schokoladenschicht fest ist, die Füllung zu circa zwei Dritteln einfüllen. Das Blech für circa 1 Stunde ins Tiefkühlfach stellen, bis die Füllung fest ist. Dann die übrige Schokolade einfüllen. Vor dem Servieren noch einmal für mindestens 30 Minuten in den Kühlschrank oder ins Tiefkühlfach stellen.

24 Mini- oder 12 große Buttercups

Schokoladen-Soufflé

Kokosnussfleisch ist zwar wunderbar reichhaltig, es enthält aber gleichzeitig auch sehr viel Wasser. Für Füllungen oder Eiscreme kann es püriert werden und wird dabei schön fluffig und leicht – und so kam dieses Rezept zu seinem Namen.

1 Portion geschmolzene und temperierte Schokoladenbasis (Seite XIII)

Füllung

200 g Cashewkerne
60 g Kakaopulver
125 ml flüssiges Süßungsmittel
125 ml Wasser
90 g frische junge Kokosnuss

55 g Kokosnussöl, geschmolzen
125 g Kokosnussbutter
1 EL Vanilleextrakt
1 Prise Salz

Zubereitung der Füllung

Alle Zutaten glatt pürieren.

Befüllen

Ein Muffinblech mit Papierförmchen auslegen. Sie können ein gewöhnliches Muffinblech mit 12 Förmchen oder ein Blech für 24 Mini-Muffins verwenden. Diese Buttercups sind sehr reichhaltig und schwer im Geschmack; die kleineren Förmchen sind also vorzuziehen.

Die Förmchen werden in drei Schritten befüllt. Jede Schicht muss aushärten, bevor Sie die nächste Schicht einfüllen. Die Förmchen zunächst zu einem Viertel mit geschmolzener Schokolade füllen und zum Aushärten in den Kühlschrank stellen. Wenn die erste Schokoladenschicht fest ist, die Füllung zu circa zwei Dritteln einfüllen. Das Blech für circa 1 Stunde ins Tiefkühlfach stellen, bis die Füllung fest ist. Dann die übrige Schokolade einfüllen. Vor dem Servieren noch einmal für mindestens 30 Minuten in den Kühlschrank oder ins Tiefkühlfach stellen.

24 Mini- oder 12 große Buttercups

Index

A

Ahorn-Pekan 43
Ahorn-Schokomilch 115
Ahorn-Walnuss 75
Amaretto-Buttercup 109
Amarettoextrakt 109, 127
Ananas
    Ingwer-Ananas 86
    Tropische Kokosnuss mit Kakaosplittern 117
    Xocolat 115
Anis 9
Aprikosen, kandierte 87
Asia-Sesam 17

B

Bananen
    Banana-Split 116
    Maca-Malz-Milchshake 117
    Mint-Chocolate-Chip 113
    Schoko-Bananen am Stiel 89
    Schoko-Obst-Chips 88
Basilikum 11, 51
Blaubeeren
    Blaubeer-Bonheur 123
    Mitternachts-Schokolade 107
Blutorange 128
Buchweizen
    Chunky Monkey Granola 100
    Kakao-Knusper-Buchweizen 93

C

Cashewkerne
    Blaubeer-Bonheur 123
    Blutorange 128
    Cashew-Kokos 41
    Cookies and Cream 121
    Deutsche Schokolade 131
    Erdbeere 129
    Ingwer-Kakao-Cashews 101
    Kokostraum 132
    Marzipan 56
    Marzipan & Weiße Schokolade 73
    Pfefferminz-Crème 55
    Pistazie & Weißer Nougat 47
    Salziges Karamell 60
    Schokolade-Chai 59
    Schokoladen-Soufflé 133
    Schwarzwälder 127
    Superfood-Knusper-Mix 97
    Tiramisu 125
    Weißes Schokoladen-Fudge 65
    Zitrone 130
    Zitrone-Basilikum 51
    Zitrone & Goji 33
Chai 59
Chunky Monkey Granola 100
Cookies and Cream 121

D

Datteln
    Chunky Monkey Granola 100
    Marokkanische Datteln 79
    Süß & Salzig 103
Deutsche Schokolade 131
Dunkle Schokolade VIII, 57
    Dunkle Schokoladen-Ganache 71

E

Erdbeeren
    Erdbeere 129
    Erdbeeren im Schokoladenmantel 81
    Schoko-Obst-Chips 88
Extra-Dunkel 3

F

Feigen, türkische im Schokoladenmantel 87
Frappuccino 113

G

Ganache, dunkle Schokoladen- 71
Geißblatt 24

Index

Gianduja 75
Gojibeeren
    Kakao-Energiehäppchen 102
    Superfood-Fudge 72
    Superfood-Knusper-Mix 97
    Zitrone & Goji 33
Granola 100

H

Hanfsamen
    Heiße Schokolade 111
    Kakao-Energiehäppchen 102
    Superfood-Fudge 72
Haselnuss
    Gianduja 75
    Haselnuss-Mandel 26
    Rocher 37
Heiße Schokolade 111
Holunderblüte 23
Holunderlikör 23
Honig XI
    Honig-Kamille 49
    Honig-Thymian 27
    Kandierte Aprikosen 87
    Mandel-Buttercup 53
    Pfefferminz-Crème 55
    Pistazie & Weißer Nougat 47
    Schwarzer Sesam 40
    Zitrus-Geißblatt 24

I

Ingwer
    Ingwer-Ananas 86
    Ingwer-Kakao-Cashews 101
    Schokolade-Chai 59
    Xocolat 115
Intensiv Orange 27

K

Kaffee
    Frappuccino 113
    Tiramisu 125
Kakaobohnen
    Kakao-Knusper-Mix 103
    Superfood-Knusper-Mix 97
Kakao-Energiehäppchen 102
Kakao-Knusper-Buchweizen 93
Kakao-Knusper-Mix 103
Kakao & Vanille 73
Kamille 49
Kandierte Aprikosen 87
Kandierte Kapuzinerkresse 25
Kandierte Mandel-Crossies 101
Kapuzinerkresse 25
Karamell 60
Kirschen
    Amaretto-Buttercup 109
    Kirschen im Schokoladenmantel 85
    Schwarzwälder 127
Kirschwasser 127
Knusper-Chia 13
Kokosbällchen 83
Kokosblütennektar X
Kokosnuss
    Frappucino 113
    Kokostraum 132
Kürbiskerne
    Kakao-Energiehäppchen 102
    Süß & Salzig 103

L

Lavendel & Sel Gris 5
Leinsamen
    Kakao-Energiehäppchen 102

M

Maca
    Kakao-Energiehäppchen 102
    Maca-Macadamia 69
    Maca-Malz-Milchshake 117
    Maca, Mesquite, Maqui 31
    Superfood-Fudge 72
Macadamia
    Chunky Monkey Granola 100
    Macadamia-Knusperkrokant 99
    Maca-Macadamia 69
    Marzipan 56
    Pfefferminz-Crème 55
    Pistazie & Weißer Nougat 47
    Salziges Karamell 60
    Zitrone-Basilikum 51
Mandelmilch
    Ahorn-Schokomilch 115
    Amaretto-Buttercup 109
    Maca-Macadamia 69

Index

Mandelmilch ...
    Milchschokolade 38
    Milchschokolade-Chai 67
Mandelmus
    Amaretto-Buttercup 109
    Mandel-Buttercup 53
    Mandel-Praliné-Fudge 74
    Schwarzwälder 127
    Superfood-Fudge 72
Mandeln
    Haselnuss-Mandel 26
    Kakao-Energiehäppchen 102
    Kakao-Knusper-Mix 103
    Kandierte Mandel-Crossies 101
    Marokkanische Datteln 79
    Süße Mandel 39
Maqui
    Blaubeer-Bonheur 123
    Maca, Mesquite, Maqui 31
Marokkanische Datteln 79
Marzipan 56
    Marzipan & Weiße Schokolade 73
Matcha 35
Maulbeeren
    Kakao-Energiehäppchen 102
Mesquite
    Maca, Mesquite, Maqui 31
    Mesquite, Ahorn, Walnuss 58
Milchschokolade 38
    Milchschokolade-Chai 67
Milchshake, Maca-Mal- 117
Minze
    Mint-Chocolate-Chip 113
    Minze mit kandierten Nibs 10
    Mitternachts-Minze 42
    Pfefferminz-Crème 55
Mitternachts-Schokolade 107
Muskat 25

O

Obst-Chips 88
Orange
    Blutorange 128
    Intensiv Orange 27

P

Palmzucker X
Papaya 89

Pekannüsse
    Ahorn-Pekan 43
    Banana-Split 116
    Chunky Monkey Granola 100
    Deutsche Schokolade 131
    Pekannüsse im Schokoladenmantel 95
Pfefferminze. Siehe Minze
Physalis
    Kakao-Energiehäppchen 102
    Superfood-Knusper-Mix 97
Pistazien
    Pistazie & Weißer Nougat 47
    Superfood-Knusper-Mix 97
Pralinen-Hohlkörper XIV

R

Rauchsalz 99
Rocher 37
Rosenwasser
    Pistazie & Weißer Nougat 47
    Rose & Himalayasalz 19
Rosmarin 12

S

Safran 7
Salziges Karamell 60
Salz und Pfeffer 11
Schoko-Bananen am Stiel 89
Schokolade-Chai 59
Schokoladenbasis XIII
Schokoladen-Soufflé 133
Schokomilch, Ahorn- 115
Schoko-Obst-Chips 88
Schoko-Papaya 89
Schwarzer Sesam 40
Schwarzwälder 127
Sel Gris 5
Sesam
    Asia-Sesam 17
    Schwarzer Sesam 40
Sonnenblumenkerne
    Kakao-Energiehäppchen 102
    Süß & Salzig 103
Spirulina
    Kakao-Energiehäppchen 102
    Mint-Chocolate-Chip 113
    Mitternachts-Schokolade 107

Pfefferminz-Crème 55
   Superfood-Fudge 72
Sultaninen
   Süß & Salzig 103
Superfood-Fudge 72
Superfood-Knusper-Mix 97
Süße Mandel 39
Süß & Salzig 103

T

Thymian
   Honig-Thymian 27
Tiramisu 125
Tropische Kokosnuss mit Kakaosplittern 117
Türkische Feigen im Schokoladenmantel 87

V

Vanille
   Ahorn-Pekan 43
   Cashew-Kokos 41
   Dunkle Schokolade 57
   Kakao & Vanille 73
   Milchschokolade 38
   Schokolade-Chai 59
   Vanille (weiße Schokolade) 21
   Zitrone & Goji 33

W

Wacholder 13
Walnüsse
   Ahorn-Walnuss 75
   Kakao-Knusper-Mix 103
   Mesquite, Ahorn, Walnuss 58
Weiße Schokoladenbasis XIII
Weißes Schokoladen-Fudge 65

X

Xocolat 115

Z

Zitronen 130
   Ingwer-Ananas 86
   Schoko-Obst-Chips 88
   Zitrone-Basilikum 51
   Zitrone & Goji 33
   Zitrus-Geißblatt 24

Bezugsquellen

Die meisten der im Buch erwähnten Produkte wie Chia, Maca-Pulver oder Kakaobohnen sind in gängigen Naturkostläden erhältlich. Sie können sie auch direkt über unseren Online-Shop www.unimedica.de in der Kategorie „Gesunde Ernährung" erhalten. Dort finden Sie ein großes Sortiment an Naturkostprodukten, u.a. auch seltene Produkte wie Sacha inchi.

Auch die für die Rezepte notwendigen Küchengeräte sowie veganes Bio-Proteinpulver und viele Superfoods aus der Serie „Vegan in Topform" sind dort erhältlich.

Über die Autoren

Matthew Kenney ist einer der bekanntesten Rohkost-Küchenchefs der Welt und leitet mehrere renommierte Restaurants in den USA. Er hat die weltweit erste klassische Kochschule für Rohkost gegründet, wo bereits viele Rohkost-Chefs ausgebildet wurden. Matthew Kenney war Gast bei zahlreichen TV-Shows und ist Autor von Kochbüchern wie *Everyday Raw Express*, *Plant Food* und *Everyday Raw Detox*.

Meredith Baird war lange ein festes Mitglied des Matthew-Kenney-Teams. Sie ist Co-Autorin zahlreicher Bücher und unterstützte ihn bei seiner Kochschule und seinen Restaurants.

Adrian Mueller wuchs in der Schweiz auf und lebt heute mit seiner Frau und seinem Sohn in New York. Als Fotograf versucht er Bilder zu erschaffen, die den Betrachter auf persönlicher Ebene ansprechen, um einen emotionalen und bleibenden Eindruck zu hinterlassen.

Jessica Acs arbeitet als Forscherin und Kreativdirektorin in Toronto, Canada. Sie hat eine Leidenschaft für Naturkost, Ernährung und alles rund ums körperliche und seelische Wohlbefinden, und ist überzeugt davon, dass sich ein achtsamer Lebensstil an erster Stelle durch die Entscheidungen ausdrückt, die wir jeden Tag am Esstisch treffen.

Weitere Werke im Unimedica Verlag

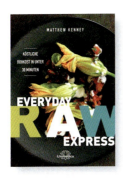

Matthew Kenney

EVERYDAY RAW EXPRESS

Köstliche Rohkost in unter 30 Minuten

152 Seiten, geb., € 19,80

Aus Rohkost wird rohköstlich!

Matthew Kenney begeistert mit einfallsreichen, leckeren veganen und dabei einfachen und schnellen Rezepten, die in ein Geschmacksparadies der Frische und Vitalität entführen.

Im Nu werden marktfrische Zutaten in belebend-exotische Getränke wie Zitronengras-Birne-Tonic oder Rote-Bete-Sangria, aromatische Hauptgerichte wie Zucchini-Spaghetti mit Mais-Pesto und Minze oder Frühlingsgemüse-Couscous, leckere Smoothies, knackig-frische Salate oder verführerische Desserts wie Bananen-Gelato oder Ananas mit Rosenwasser und Pistazien verwandelt.

Everyday Raw Express ist der beste Beweis dafür, dass es nicht zeitraubend und kompliziert sein muss, Rohköstliches zuzubereiten, und dabei gleichzeitig Gaumen und Körper auf gesunde und überraschend delikate Weise zu verwöhnen.

„Rohkost ist der nächste Schritt in der veganen Ernährung und bietet noch mehr Nährstoffe. Matthew Kenney ist der weltweit führende Pionier und Küchenchef für Rohkost."
Brendan Brazier

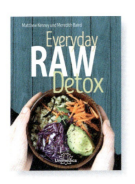

Matthew Kenney und Meredith Baird

EVERYDAY RAW DETOX

Mit über 95 Rohkostrezepten natürlich entgiften

168 Seiten, geb., € 19,80

Gesunde, frische Lebensmittel sind nicht nur lecker, farbenfroh und nährstoffreich, sondern reinigen ganz nebenbei auch den Körper. Dieses innovative, von den Rohkostpionieren Matthew Kenney und Meredith Baird erstellte Kochbuch präsentiert verschiedenste Arten der Entgiftung mit vielen köstlichen Kreationen – egal ob für einen Tag, eine Woche oder eine Mahlzeit.

Über 100 Rezepte für schmackhafte vegane Rohkostgetränke und -gerichte enthalten alles von süßen Immunstärkungs- Smoothies, Papaya-Hautheiler-Tonic, Herzblut-Säften und Master-Cleanse-Kuren bis zu Blumenkohl-Kaviar und Miso-Medizin. Zusätzlich gibt es ein Extrakapitel für Körperpflege mit Kokosnuss-Haarmaske, Kaffee-Zucker-Peeling und vielem mehr.

Das Buch ist ein inspirierender Wegweiser für individuelle Detoxkuren. Die Rezepte verleihen vitale Energie und bringen Körper, Geist und Seele zum Strahlen.

Weitere Werke im Unimedica Verlag

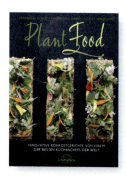

Matthew Kenney, Meredith Baird, Scott Winegard

PLANT FOOD

Innovative Rohkostgerichte von einem der besten Küchenchefs der Welt

168 Seiten, geb., € 19,80

Plant Food – das ist Rohkost-Genuss in einem revolutionären neuen Gewand. Chefkoch und weltweiter Rohkost-Pionier Matthew Kenney und sein Team stellen in diesem Buch neue innovative Techniken für das Zubereiten kunstvoller Obst- und Gemüsegerichte vor, die alle Sinne mit köstlichen Aromen, spannenden Texturen und verlockenden Farbkombinationen betören.

Die außergewöhnlichen Zubereitungsweisen reichen von Sprossen, Pürieren, Dörren und Räuchern über Versiegeln, Pressen bis zu Fermentieren und Reifen. Es geht um ausgefeilte Rezepte wie Birnen-Suppe mit Sellerie und Wacholderöl, Kürbisgnocchi mit Brunnenkresse, Zucchini-Hummus, Walnuss-Terrine mit Wassermelone, köstliche vegane Käse-Variationen wie den Spirulina-Blauschimmelkäse und einzigartige Desserts wie das Maca-Sorbet. Die Rezepte lassen sich leicht von Rohkostneulingen wie auch erfahrenen Küchenexperten in delikate und kerngesunde Gerichte verwandeln.

Fran Costigan

VEGANE SCHOKOLADE

Unvergleichlich köstliche und verführerische milchfreie Desserts

316 Seiten, geb., € 24,-

Cremig, verführerisch, schokoladig und – vegan? Endlich sind göttliche Schokoladenkuchen, saftige Brownies, raffinierte Trüffel, köstliche Puddings, zartschmelzende Eiscremes und viele weitere unwiderstehliche Versuchungen nur noch ein Rezept weit entfernt. Dieses Buch wird zum kostbaren Schatz aller leidenschaftlichen Schokoladen- und Dessertfans werden.

Fran Costigan, die Königin der veganen Desserts, ist die wohl bekannteste vegane Konditormeisterin. Sie ist Perfektionistin und hat über 20 Jahre in ihrer New Yorker Lehrküche damit verbracht, Rezepte so lange zu verfeinern, bis es vegane Meisterwerke wurden. Ergebnis ist dieses Werk, was in seiner Art einzigartig ist. Nach ihrer Erfahrung ist vegane Schokolade noch unverfälschter und intensiver im Geschmack – ganz ohne Milchprodukte, Eier oder weißen Zucker.

120 himmlische und rein vegane Schokoladen-Desserts, die schon beim bloßen Gedanken das Wasser im Mund zusammenlaufen lassen, verführen zum Nachkochen und gelingen.

Weitere Werke im Unimedica Verlag

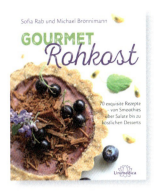

Sofia Rab und Michael Brönnimann

GOURMET ROHKOST

70 exquisite Rezepte – von Smoothies über Salate bis zu köstlichen Desserts

264 Seiten, geb., € 29,-

Ein Buch, das die Rohkostküche auf eine neue Ebene bringt. Naturverbundenheit trifft auf pure Verwöhnung und kulinarische Highlights.

Sofia Rab und Michael Brönnimann führen im Schweizer Steffisburg die Naturkostbar, eine Manufaktur für Rohkost auf höchstem Niveau. Aus ihrer langjährigen Erfahrung ist dieses Buch entstanden.

In den 70 Rezepten taucht man in eine ungeheure Vielfalt von raffinierten Geschmackserlebnissen – von grünen Smoothies mit Superfoods, fruchtigem Waldbeeren-Müsli und samtiger Mandelmilch über cremige Kokos-Thai-Suppe, Kelpnudeln mit Bärlauchpesto und Kokos-Krispies bis zur Limetten-Torte mit Matcha, Haselnuss-Eiscreme, Raw Energy Bars und Erdbeer-Schoko-Kugeln. Die Zubereitung ist Schritt für Schritt leicht nachvollziehbar.

Gena Hamshaw

CHOOSING RAW

125 köstliche, einfache und vegane Rezepte mit vielen Rohkost-Optionen

344 Seiten, geb., € 24,-

Frisch, farbenfroh und unglaublich köstlich – das sind die Rezepte von Gena Hemshaw. Choosing Raw ist eine Liebeserklärung an die vollwertige Pflanzenküche in ihrer ursprünglichsten Form.

Die bekannte Foodbloggerin und Ernährungsexpertin zeigt uns in diesem 125 Rezepte umfassenden Kochbuch die ganze Power der Pflanzenkraft. Ihre schnell zubereiteten Gerichte offenbaren, wie man einen großen Teil Rohkost in seine Ernährung integrieren kann, ohne Aufwand betreiben oder teure Küchengeräte anschaffen zu müssen. Gena setzt dabei auf die natürlichen Eigenschaften und Geschmäcker der einzelnen Lebensmittel und verbindet die Komponenten so geschickt miteinander, dass innovative, kerngesunde Gerichte entstehen, die noch dazu wunderbar schmecken.

Von Genas liebsten Grundrezepten wie selbst gemachter Pflanzenmilch oder Rohkostnudeln mit verschiedenen Soßen spannt sich der Bogen über verschiedene grüne Säfte, Snacks wie Cale-Chips und Powerbällchen, 20 verschiedene Dips und Dressings bis hin zu einer großen Sammlung von Rezepten für Frühstück, Mittag- und Abendessen. Entscheiden Sie sich mit Gena immer häufiger für Rohkost und bringen Sie alle Farben der Natur auf Ihren Teller.

Weitere Werke im Unimedica Verlag

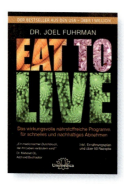

Dr. Joel Fuhrman

EAT TO LIVE

Das wirkungsvolle nährstoffreiche Programm für schnelles und nachhaltiges Abnehmen

432 Seiten, geb., € 24,80

EAT TO LIVE ist das Grundlagenwerk für gesunde Ernährung. Der amerikanische Erfolgsautor und Arzt Dr. Fuhrman stellt damit ein mächtiges Werkzeug zur Verfügung, um dauerhaft Gewicht zu verlieren und die Gesundheit wiederzuerlangen. In den USA ist es ein Dauerbrenner, über 1 Million verkaufte Bücher sprechen für sich.

Joel Fuhrman zeigt, wie allein mit der richtigen Ernährung Bluthochdruck, Diabetes, Autoimmunkrankheiten, Migräne, Asthma und Allergien dauerhaft geheilt werden können.

Mit seinem 6-Wochenplan kann man Heißhungerattacken und Verlangen nach Junkfood hinter sich lassen. Das Geheimnis liegt in der Nährstoffdichte, das bedeutet die Einnahme von viel nährstoffreicher Nahrung. Übergewichtige sind trotz Überernährung meistens damit unterversorgt. Das Buch revolutioniert unser Denken und unsere Essgewohnheiten.

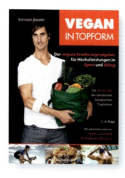

Brendan Brazier

VEGAN IN TOPFORM

Der vegane Ernährungsratgeber für Höchstleistungen in Sport und Alltag

352 Seiten, geb., € 26,-

Brendan Brazier, kanadischer Triathlet und Ironman, ist ein führender Pionier für vegane Ernährung. Dieses Werk ist ein Kultbuch der weltweiten Veganbewegung.

Bereits im Alter von 15 Jahren entschied er sich, Profisportler zu werden. Im Laufe seiner Karriere erforschte er minutiös, welche Ernährung seine Leistung und vor allem die Regenerationsphase optimierte. Das Ergebnis ist die legendäre Thrive-Diät, die bereits viele Spitzensportler zu einer olympischen Medaille geführt hat. Die Thrive-Diät richtet sich nicht nur an Profisportler, sondern an jeden, der optimale Gesundheit und Leistungsfähigkeit erlangen und Krankheiten vorbeugen möchte.

Mit 100 veganen, gluten- und sojafreien Rezepten, von schnell zubereiteten Energieriegeln, Gels und Drinks über Suppen und Pizza bis zu leckeren Desserts. Mit einem praktischen 12-Wochen-Plan zum Einstieg in die Thrive-Diät.

Weitere Werke im Unimedica Verlag

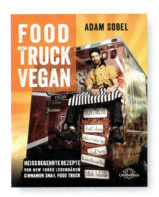

Adam Sobel

FOOD TRUCK VEGAN

Heißbegehrte Rezepte von New York's legendärem Cinnamon Snail Food Truck

272 Seiten, geb., € 24,-

Was ist das Geheimnis dieses Food Trucks? Er eroberte die Straßen von New York City im Sturm. Bei jedem Wetter stehen Vegetarier, Veganer und Fleischesser geduldig und in schönster Eintracht nach den berühmten, bis obenhin mit Zucker glasiertem Seitan und Ancho-Chili-Aioli gefüllten Sandwiches an. Pfannkuchen mit frischen Feigen, Kamille-Blutorangensirup und Pinienkernmus besitzen offenbar eine ähnliche Anziehungskraft.

Jetzt liefert Adam Sobel, der sympathische Gründer des „Cinnamon Snail" Food Trucks, die Rezepte seiner süchtig machenden Spezialitäten als Buch direkt in Ihre Küche aus.

Food Truck Vegan bringt die Energie und Leidenschaft der kreativen Food Truck-Küche direkt auf den Tisch und beschert uns fleischfreie Mahlzeiten, die zu Recht Kultstatus besitzen.

Angela Liddon

OH SHE GLOWS! DAS KOCHBUCH

Über 100 vegane Rezepte, die den Körper zum Strahlen bringen

344 Seiten, geb., € 29,-

Die Kanadierin Angela Liddon ist Autodidaktin in Sachen Kochen und Fotografie. Ihr kulinarisches Knowhow auf dem Gebiet der rein pflanzlichen Küche hat sie über viele Jahre hinweg bis ins Detail perfektioniert und dabei innovative und köstliche Rezepte entwickelt, die ihr eine treue Fangemeinde auf der ganzen Welt eingebracht haben.

Angela Liddons lang erwartetes erstes Kochbuch verführt mit über 100 unwiderstehlichen und vollwertigen Rezepten und enthält sowohl umgewandelte Klassiker, die sogar Fleischfans lieben werden, als auch unglaublich frische und innovative Gerichte voller purem Geschmack. Darüber hinaus wartet ihr Kochbuch mit vielen Rezepten für Allergiker auf – u.a. mehr als 90 glutenfreien Gerichten und vielen weiteren, die gänzlich auf Soja, Nüsse, Zucker und Getreide verzichten. Egal ob Sie vegan leben oder einfach nur neugierig sind und köstliche Rezepte ausprobieren wollen, die zufällig auch noch gesund sind: Dieses Kochbuch ist ein Muss für alle, die gut essen, sich großartig fühlen und einfach strahlen wollen!

Homöopathie
Naturheilkunde
Ernährung
Fitness & Sport
Akupunktur
Mensch & Tier

In unserer Online-Buchhandlung
www.unimedica.de
führen wir eine große Auswahl an deutschen, englischen und französischen Büchern über Fitness, gesunde Ernährung, Naturheilkunde und Homöopathie. Zu jedem Titel gibt es aussagekräftige Leseproben.

Auf der Webseite gibt es ständig Neuigkeiten zu aktuellen Themen, Studien und Seminaren mit weltweit führenden Homöopathen, sowie einen Erfahrungsaustausch bei Krankheiten und Epidemien. Ein Gesamtverzeichnis ist kostenlos verfügbar.

Blumenplatz 2 • D-79400 Kandern • Tel: +49 7626-974 970-0 • Fax: +49 7626-974 970-9
info@unimedica.de